Matthias Röhe

# Hamburg – Das Tor zum Film

## Kulissen für TV-Serien, Kino- und Fernsehfilme

Bibliografische Information der Deutschen Nationalbibliothek:
Die Deutsche Nationalbibliothek verzeichnet diese Publikation mit dem
Titel „Hamburg – Das Tor zum Film" (Kulissen für TV-Serien, Kino-
und Fernsehfilme) in der Deutschen Nationalbibliothek; detaillierte bibliografische Daten sind im Internet über http://dnb.d-nb.de abrufbar.

# Hamburg – Das Tor zum Film

## Kulissen für TV-Serien, Kino- und Fernsehfilme

©opyright  by Matthias Röhe, Hamburg (August 2018)
Umschlaggestaltung: Matthias Röhe
Fotos: © FoTe Press
Herstellung und Verlag: BoD – Books on Demand, Norderstedt
(www.bod.de)
Gedruckt in Deutschland / Printed in Germany
ISBN-13: 978-3-7528-7004-6

## Vorwort

Etwa zehn Jahre lang habe ich die Homepage Drehort-Hamburg.de betrieben und laufend von aktuellen Dreharbeiten in Hamburg berichtet. Ob Fernsehserien oder -reihen, Kino- oder Fernsehfilme: auf meiner Seite stellte ich in Kurzfassung aktuelle Produktionen vor. Als Pressefotograf wurde ich zu einigen dieser Film- oder Fernsehproduktionen eingeladen und konnte dort Pressefotos fertigen. Natürlich habe ich die Hauptdarsteller fotografiert, aber auch meistens die Produktionsfahrzeuge (Maskenmobil, Stromfahrzeuge, Aufenthaltsbusse, Catering-Mobile, Gerätewagen) und auch die Gebäude. Sprich: die Kulissen. Neben den Artikeln veröffentlichte ich genau solche Fotos und bekam in den vergangenen zehn Jahren laufend Anfragen nach dem genauen Ort der Dreharbeiten. „Wo haben die Pfefferkörner ihr Hauptquartier?", „Wo ist die Wache vom Großstadtrevier?" oder „Wo steht das Elbkrankenhaus aus der Serie Notruf Hafenkante?" sind nur drei Beispielfragen.

Einige Besucher meiner Seite glaubten, die zahlreichen Polizeireviere aus den Serien und Filmen seien „echte" Polizeiwachen. Mehrfach habe ich aufgeklärt und in unzähligen Mails geschrieben, dass es sich nur um Kulissen handelt. Inzwischen wurde die Website abgestellt – immerhin war sie eine rein private Homepage mit Informationen zum Drehort Hamburg und Infos zu aktuellen Dreharbeiten. Mittlerweile können sich Filmschaffende über den Drehort Hamburg bezüglich Genehmigungen und Locations bei der Filmförderung Hamburg Schleswig-Holstein informieren. Privatleute bekommen dort ebenfalls Infos über aktuelle Produktionen in und um Hamburg. Letzendlich war mir der Aufwand für die Homepage einfach zu groß. Zumal ich null Euro mit dieser Seite generiert habe.

Dennoch habe zu Zeiten der Internetpräsenz immer versucht, den Interessierten Auskunft zu geben. So habe ich also immer schön brav geantwortet, dass während der Dreharbeiten Schilder mit dem Schriftzug „Polizei" an verschiedenen Gebäuden angebracht sind und meistens Polizeifahrzeuge (die in echt keine sind) davor geparkt werden. So wirken diese Filmgebäude natürlich echt. Auch darauf bekam ich laufend Nachfragen, wo denn solche Film-Polizeistationen zu finden sind.

So kam ich auf die Idee zu diesem Buch, in dem ich nun einige ausgewählte Kulissen für Filme und Serien vorstelle. Die Frage ist immer, wo fängt man an und wo hört man auf. Will man alle Filme vorstellen, die in Hamburg gedreht wurden? Welche Drehkulissen will man vorstellen –

wiederkehrende öffentliche Gebäude, Plätze oder markannte Straßenzüge, die in bestimmten Filmen zu sehen sind?

In vielen Filmen und Serien werden auch Friedhofszenen gezeigt, die in Hamburg spielen. Will man jetzt jeden einzelnen Friedhof vorstellen und sozusagen verraten, wo genau welche Szene auf welchem Friedhof gedreht wurde? Schwierig, wie ich finde. Da stellt sich dann auch die Frage, wo soll der Anfang und wo das Ende sein? Um gleich damit anzufangen: Beerdigungszenen, die in Hamburg gedreht werden, entstehen in der Regel auf den Friedhöfen Ohlsdorf oder Öjendorf. In einigen Fällen werden auch Szenen auf dem Hauptfriedhof in Altona oder in Bergedorf produziert. Es kommt drauf an, mit wie vielen Produktionfahrzeugen ein Team anrückt. Nicht auf jedem Friedhof kann das Team quasi bis direkt ans Grab fahren, um Szenen einzufangen. Außerdem sind auch verschiedenartige Kapellen immer wieder beliebte Kulisse.

Interessant: wer in der Internetdatenbank imdb.com (Internet Movie Data Basis) unter dem Stichwort Location Hamburg sucht, bekommt 2.249 Filmtitel aufgezeigt (Stand: 31. Juli 2018), die in Hamburg gedreht wurden. Dazu zählen Dokumentarfilme genauso wie Serien, Fernsehreihen, Krimis oder Kinofilme. Pro Jahr werden etwa 120 Produktionen in der Hansestadt gedreht.

Hamburg mit seinen etwa 1,8 Millionen Einwohnern und Deutschlands zweitgrößter Stadt gehört zu den beliebtesten Filmdrehorten Deutschlands. Erfolgreiche Regisseure wie Fatih Akin, Alfred Vohrer, Anton Corbijn, Til Schweiger oder beispielweise Roger Spottiswoode konnten sich die Hamburger Kulisse nicht aus ihren Filmen wegdenken.

Die einzigartigen Landschaften an Alster, Elbe und Bille, sowie den vielen Stadtparks und zum Teil kuriosen Filmkulissen locken nicht nur weltweit bekannte Filmemacher in die Hansestadt, sondern bieten auch viel Spielraum für deutsche Erfolgsserien.

Auf den folgenden Seiten habe ich die bekanntesten und vielleicht beliebtesten Filmdrehorte und Kulissen herausgeschrieben. Bei jährlich etwa 120 neuen Produktionen kann ich allerdings nicht jede Filmkulisse jedes Films vorstellen. Zum einen bekomme auch ich nicht alle Filmkulissen heraus, weil einige Produktionen keinen Besucherstrom wünschen und einige Kulissen lieber für sich behalten. Zum anderen würde es natürlich auch den Rahmen sprengen. Deshalb zeige ich eine Auswahl an Drehorten, die Sie unbedingt mal „live" gesehen haben müssen. Mit etwas Glück treffen Sie dort den einen oder anderen Film- oder Serienstar an...

Polizeioberkommissarin Pia Andresen (gespielt von Katharina Schubert) und ihr Mann Stefan Andresen (Markus Knüfken) sind in der von 2006 bis 2011 ausgestrahlten Polizeiserie **„Da kommt Kalle"** regelmäßig zu sehen. Beide wohnen in einer blauweißen Villa mit roten Dachziegeln in Flensburg – zumindest laut Drehbuch. Und im Fernsehen stehen in der Straße vor dem hübschen Einfamilienhaus Fahrzeuge mit Kennzeichen FL. In Wirklichkeit steht dieses Haus aber nicht in der Fördestadt in Schleswig-Holstein, sondern im Stadtteil Bergedorf in Hamburg. Genauer: im Gräpelweg 10. Dort befindet sich die Villa, dessen Pkw-Auffahrt mit einer blauen Schranke versehen ist.

„Da kommt Kalle" ist eine Produktion von Network Movie im Auftrag des ZDF. Insgesamt wurden 70 Episoden in 5 Staffeln gezeigt. Auch die Polizeidienststelle befindet sich in der Realität in Hamburg, mehr dazu lesen Sie auf Seite 34. Im Garten der blauweißen Villa wurde während der Dreharbeiten extra eine Art Hundehütte aufgestellt, in der nicht nur Polizeihund „Kalle" seinen Ruheplatz hatte, sondern auch Holz für den Kamin lagerte. Sie hatte den Schriftzug „Kalle" auf dem Dach.

In der Episode „Katzenjammer" der Krimiserie **„Adelheid und ihre Mörder"** wird während eines Kostümballs im Rathaus die als Katze verkleidete Monika Dressler auf der Damentoilette erschossen. Wenig später ereignet sich ein zweiter Mord, bei dem der homosexuelle Benno erschossen wird. Die Mordkommission „Mord Zwo" nimmt die Ermittlungen auf. Gedreht wurden große Teile dieser Folge im Rathaus Altona. Es ist zu finden am Platz der Republik im Stadtteil Altona-Altstadt und ist ein denkmalgeschütztes Dienstgebäude. Das Rathaus in Altona ist nicht nur der Sitz des Bezirksamts Altona, das Glanzstück des Neoklassizismus' hat auch sonst eine Menge zu bieten: in dem Gebäude kann unter anderem geheiratet werden, im Sommer finden im Innenhof sehr beliebte Open Air Kinovorstellungen statt und in unregelmäßigen Abständen werden Ausstellungen gezeigt. Neben „Adelheid und ihre Mörder" mit Evelyn Hamann, Heinz Baumann und Tilo Prückner in den Hauptrollen drehten in der Vergangenheit auch die Filmproduktionen von **„Der Dicke"** (mit Sabine Postel und Dieter Pfaff) und **„Großstadtrevier"** (mit Jan Fedder) in oder zumindest vor dem Prachtbau in Altona einige Szenen. Für den Film **„Der Hauptmann von Köpenick"** mit Heinz Rühmann wurde 1956 die Frontseite des ehemaligen Altonaer Rathauses (heute Bezirksamt Altona) für den Film zum Bahnhof umfunktioniert.

*Das Zuhause von Familie Andresen aus der Serie „Da kommt Kalle".*
*Rechts: die Hauptdarsteller Kaharina Schubert und Markus Knüfken*
*mit dem Polizeihund „Kalle" auf dem Schoß.*

*Das Rathaus Altona.*

Sie haben die ZDF-Krimireihe „**Nord Nord Mord**" mit Peter Heinrich Brix als Hauptkommissar Carl Sievers mit seinen Mitarbeitern Ina Behrendsen (gespielt von Julia Brendler) und Hinnerk Feldmann (Oliver Wnuk) gesehen und fragen sich, wo denn das Polizeirevier Kiel steht?
Das ist in der Wirklichkeit in Hamburg zu finden – am Rondenbarg 16 im Stadtteil Bahrenfeld. In einem leerstehenden Bürogebäude wurden zwei Etagen als Polizei Kiel eingerichtet. Mit Stadtplänen der Landeshauptstadt Schleswig-Holstein, Logos der Landespolizei und diversen Schriftzügen. Der Handlungsort der Krimireihe ist zwar Sylt beziehungsweise Kiel, wurde aber größtenteils in Hamburg gedreht.
Zum Inhalt: Nach einem Personalwechsel ist das erste Zusammentreffen von Sievers mit seinen neuen Mitarbeitern Behrendsen und Feldmann etwas frostig. Schließlich haben sie sich selbst Hoffnung auf die Leitung der Dienststelle auf Sylt gemacht hatten. Die beiden können Sievers auch kein Wort darüber entlocken, warum er von seinem bisherigen Arbeitsplatz in Kiel nach Sylt versetzt wurde. Die Liebe zu der Insel wird es wohl kaum gewesen sein, denn Sylt ist Sievers mehr als suspekt.
In weiteren Rollen sind in der Krimireihe Sinja Dieks, Adina Vetter, Ralph Herforth, Victoria Trauttmansdorff und andere zu sehen.

In Othmarschen steht das Jenisch-Haus, ein klassizistisches Landhaus mit einer Parkanlage. Das Museum für Kunst und Kultur an der Elbe wird als Außenstelle des Altonaer Museums geführt und zeigt im Erdgeschoss repräsentative Säle. In den oberen Etagen präsentieren wechselnde Ausstellungen Themen aus der Kunst- und Kulturgeschichte insbesondere des 19. Jahrhunderts. Gebaut wurde das Jenisch-Haus zwischen 1831 und 1834 und war der ehemalige Landsitz des Hamburger Senators Martin Johann Jenisch.
Das Jenisch-Haus dient immer wieder als Kulisse in Filmen oder Fernsehserien. Im Film „**Tschonk**" beispielsweise ist das Gebäude als Rechtsanwaltskanzlei zu sehen, in dem die Echtheitsprüfungen der Tagebücher von verschiedenen Gutachtern von einem Notar verlesen werden. Auch „**Rubbeldiekatz**", eine Travestiekomödie von Detlev Buck aus dem Jahr 2011 mit Matthias Schweighöfer, Alexandra Maria Lara und Max von Thun in den Hauptrollen wurde im und vor dem Jenisch-Haus gedreht. Das Jenisch-Haus fungierte als Berliner Nobelhotel. Auch Hannelore Hoger stand schon für die Krimiserie „**Bella Block**" am Jenisch-Haus vor der Kamera, genauso wie Jan Fedder fürs „**Großstadtrevier**".

*Dieses Bürogebäude am Rondenbarg 16 dient im Fernsehen als Polizeirevier Kiel.*

*Oliver Wnuk (Rolle: Hinnerk Feldmann), Julia Brendler (Rolle: Ina Behrendsen) und Peter Heinrich Brix (Rolle: Carl Sievers) bei Dreharbeiten.*

*Das Jenisch-Haus befindet sich an der Baron-Voght-Straße 50 im Stadtteil Othmarschen.*

Für den Film **„Rubbeldiekatz"** (Seite 8) entstanden auch einige Szenen auf dem Gelände des Flughafens Hamburg. Der älteste und fünftgrößte Flughafen Deutschlands (Eigenbezeichnung Hamburg Airport, seit 2016 auch Hamburg Airport Helmut Schmidt) dient als internationaler Flughafen mit seinen etwa 17,6 Millionen Passagieren (Stand: 2017) auch regelmäßig als Filmkulisse. 1964 wurden Szenen am Flughafen Hamburg im Stadtteil Fuhlsbüttel für **„Der Hexer"** (Hauptdarsteller: Joachim Fuchsberger, Heinz Drache, Eddi Arent, Siegfried Lowitz) gedreht. Auch Szenen für den Film **„Des Teufels General"** wurden auf dem Gelände des Flughafens produziert. Dabei handelt es sich um einen Schwarzweiß-Spielfilm nach Carl Zuckmayers gleichnamigem Drama von 1945 mit Curd Jürgens in der Hauptrolle. Marianne Koch, Viktor de Kowa und Karl John sind in tragenden Rollen besetzt. 1955 wurde er im Fernsehen gezeigt. Und auch Pierce Brosnan stand schon für **„James Bond 007 – Der Morgen stirbt nie"** am Flughafen vor der Kamera.

Seit März 2018 gibt es die **„SoKo Hamburg"**, der achte und jüngste Ableger der Fernsehkrimiserie SoKo München (ehemals SoKo 5113). Sie ermittelt in Mordfällen und Verbrechen länderübergreifend in Schleswig-Holstein, Hamburg und Niedersachsen. Ihre Fälle reichen von Ratzeburg und Glückstadt über St. Pauli, den Hamburger Hafen und das Alte Land bis nach Kehdingen und Dithmarschen.
Das Team besteht aus Hauptkommissar und Teamleiter Jan Köhler (verkörpert von Mirko Lang), der Hauptkommissarin mit Profiler-Qualitäten, Lena Testorp (Anna von Haebler), dem erfahrenen Polizisten Oskar Schütz (Marek Erhardt), dem IT-ler Cem Aladag (Arnel Taci) und dem Recherche-Ass Maria Gundlach (Kathrin Angerer).
Dreharbeiten fanden bislang unter anderem auf der Reeperbahn, dem Freihafen und Rothenburgsort statt. Das Kommissariat der SoKo Hamburg liegt nicht in einem schicken Neubau in der Hafencity, sondern ist ein alter Backsteinbau, der sich direkt an der Elbe im Stadtteil Finkenwerder befindet – der Lebensader der drei nördlichen Bundesländer. „Da die Elbe auch häufig der schnellste Weg ist, um die weit verstreuten Tatorte zu erreichen, steht den Kommissaren jederzeit ein Schnellboot zur Verfügung", teilt das ZDF mit. Für die Filmarbeiten in Finkenwerder werden extra der Eingangsbereich und der Schriftzug „Polizei" an dem Backsteingebäude angebracht. Produziert wird die Serie von der Hamburger Network Movie Film- und Fernsehproduktion.

*Der „Hamburg Airport Helmut Schmidt" im Stadtteil Fuhlsbüttel. Früher hatte er den Namen „Flughafen Hamburg-Fuhlsbüttel".*

*Dreharbeiten für neue Folgen der „SoKo Hamburg" in Finkenwerder mit Marek Erhardt, Kathrin Angerer, Mirko Lang, Anna von Haebler, Arnel Taci (von links).*

*Das Foto rechts zeigt die „Polizeiwache", wie sie im Fernsehen zu sehen ist.*

In manchen Folgen rennen **„Die Pfefferkörner"** über Schienen oder klettern über einen Zaun. Im Hintergrund sind Hafenkräne und historische Eisenbahnwaggons zu sehen. In den meisten Fällen sind diese Szenen auf dem Gelände vom Hafenmuseum im Stadtteil Kleiner Grasbrook gedreht worden. Dabei handelt es sich um eine Außenstelle des Museums der Arbeit am Bremer Kai des Hansahafen.

Das Hafenmuseum ist im denkmalgeschützten Kaischuppen 50, in dem zahlreiche Exponate aus der Geschichte des Schiffbaus und des Hafenumschlags ausgestellt werden. Interessierte können dort zum Teil noch funktionsfähige Hafengeräte wie Van Carrier, Kaikräne und Schienenfahrzeugen der Hafenbahn anschauen.

Das Gelände zieht immer wieder Filmproduktionen an. So drehte unter anderem das **„Großstadtrevier"** (ARD) auf dem Gelände zwischen dem Schuppen 50 und 52 am Ende der Australiastraße. Auch das Team der **„Nachtschicht"** (ZDF) ermittelte auf dem Gelände, genauso wie **„Adelheid und ihre Mörder"** (ARD). Aber auch in den alten **„Tatort"**-Folgen ist der Hamburger Hafen aus dieser Perspektive zu sehen. Auf dem Gelände des Überseezentrums (Schumacherwerder) wurde die Kulisse der Kiez-Kneipe **„Zum Goldenen Handschuh"**, in der Serienmörder Fritz Honka († 63) seine Opfer kennenlernte, nachgebaut.

Auch die Flussschifferkirche ist bekannt aus Funk- und Fernsehen. Deutschlands einziges Gotteshaus auf Schiffsplanken liegt im Hamburger Hafen in der Speicherstadt im Binnenhafen. Auf dem 26 Meter langen Schiff finden regelmäßig Gottesdienste, Trauungen und Taufen statt. Bis zu 130 Besucher finden dort Platz. Die genaue Anschrift lautet Hohe Brücke 2. Der Anleger befindet sich gegenüber der Deichstraße. Beim Mäuseturm führt eine Brücke hinab zum Liegeplatz. Ausführliche Informationen finden Sie unter www.flussschifferkirche.de. Der ehemalige Frachtkahn wurde 1906 gebaut und 1952 zur schwimmenden Kirche geweiht und lädt ein zum Gottesdienst auf dem Wasser. Die Flussschifferkirche diente in den Folgen „Der Hafenpastor" und „Der Schein trügt" als Filmkulisse fürs **„Großstadtrevier"**. Das Team verbrachte mehrere Tage an Bord der einzigartigen schwimmenden Kirche, um die Szenen einzufangen. Auch das Filmteam der **„Pfefferkörner"** nutze die Flussschifferkirche. Immerhin wohnt in der Kinderserie das zwölfjährige Mädchen Lina Lange (gespielt von Lale H. Mann) die Tochter von Jan Lange, der Pfarrer in der Flussschifferkirche, an Bord.

*Das Hafenmuseum am Hansahafen in Hamburg diente auch als Kulisse für den Film **„Die Gustloff"** (kleines Foto oben) mit Kai Wiesinger, Heiner Lauterbach und Michael Mendl.*

Generationen von Hamburgern kennen es als Tanzcafé mit Damenwahl, nummerierte Tischtelefone machten die Kontaktaufnahme möglich. Mehrere Jahre lang war dort der „Quatsch Comedy Club" untergebracht und es zählt zu den Kultcafés in Hamburg: Das „Café Keese" an der Reeperbahn. Das beliebte Café wurde 1948 von Bernhard Keese (wurde auf dem Friedhof in Wedel bei Hamburg beigesetzt) gegründet. Vor dem Gebäude ist auf der Reeperbahn seit 1996 der Stern von Musiker Udo Lindenberg eingelassen, eine den Sternen des „Hollywood Walk of Fame" nachempfundene Ehrentafel für den Künstler. Es gab seit 2002 einige Inhaberwechsel, auf dem Dach des Gebäudes ist bis heute der Schriftzug „Keese" angebracht.

In dem Café gab es früher Dreharbeiten zu dem Film **„Auf der Reeper-**

Die historische Davidwache (fälschlicherweise auch Davidswache genannt) im Stadtteil St. Pauli ist das wohl berühmteste Polizeikommissariat Hamburgs – und bekannt aus Spielfilmen und TV-Serien. Die Wache befindet sich auf dem Kiez an der Reeperbahn, Ecke Spielbudenplatz/ Davidstraße. Das Reviergebiet des Polizeikommissariats 15 umfasst 0,92 km² und hat etwa 14.000 Einwohner. Am 10. Dezember 1914 bezog das Polizeikommissariat 15 das markante Klinker-Gebäude. Entworfen hat es der legendäre Hamburger Baudirektor Fritz Schumacher. Aktuell sind etwa 130 Beamte im Dreischichtdienst am PK 15 tätig. Zusätzlich arbeiten noch Polizisten der Bereitschaftspolizei zur Verstärkung auf der Kiezwache. Als Filmdrehort diente das Polizeirevier unter anderem für **„Nur eine Nacht"**, **„Polizeirevier Davidswache"** und **„Fluchtweg St. Pauli - Großalarm für die Davidswache"**.

Etwa 20 Kilometer vom Stadtteil St. Pauli entfernt liegt das Bezirksamt Hamburg-Bergedorf. Das schlossartige Gebäude in der Wentorfer Straße 38 hat mehrere repräsentative Innenräume, einen 35 Meter hohen Turm und einen großzügigen Park und dient ebenso als Filmkulisse. Grund: es hat ein einzigartiges altes Büro (Amtszimmer der Bezirksamtsleitung) mit antiker Waschecke, Holzvertäfelung, Parkettfussboden und schönem Ausblick auf den Park. Der Park stammt bereits aus der Anfangszeit der Villa und ist ein bedeutendes Gartendenkmal.

Das Bezirksamt wurde für die Fernsehkriminalreihe **„Das Duo"** (ZDF) mit Charlotte Schwab und Ann-Kathrin Kramer beziehungsweise Lisa Martinek in den Hauptrollen als Drehort benutzt. Auch Szenen für die

**bahn nachts um halb eins"** mit Curd Jürgens und Heinz Reincke. Auch Aufnahmen fürs **„Polizeirevier Davidswache"** entstanden zum Teil dort.

*Das Cafe Keese ist zu finden auf der Reeperbahn 19-21 im Stadtteil St. Pauli.*

Für die im Ersten Programm der ARD ausgestrahlte Vorabendserie **„Großstadtrevier"** dient die Wache als eines von mehreren Vorbildern. Auch die ZDF-Serie **„Notruf Hafenkante"** nimmt die Davidwache als Vorbild für die einzelnen Folgen.
*Der Eingang des PK 15.*

*Das Bezirksamt Hamburg-Bergedorf ist zu finden in der Wentorfer Straße 38.*

ARD-Märchenreihe **„ S e c h s auf einen S t r e i c h "** mit Axel M i l b e r g entstanden dort.

15

„**Girl Friends – Freundschaft mit Herz**" ist eine deutsche Fernsehserie, die in den Jahren 1995 bis 2007 im Abendprogramm des ZDF ausgestrahlt wurde. Die Serie handelt von einer Gruppe befreundeter Frauen sowie ihrem Arbeitsalltag in einem schwedischen Hotelkonzern in Hamburg. In den Hauptrollen waren anfänglich Mariele Millowitsch, Tamara Rohloff und Walter Sittler zu sehen, ab der 6. Staffel Franziska Stavjanik und Philipp Brenninkmeyer. Von 1995 bis 2005 wurden 92 Folgen (darunter 5 Doppelfolgen) in sieben Staffeln der Serie produziert, zu denen sechs Bücher und Soundtracks erschienen sind. Die Serie erzählt die Geschichte von Marie (Mariele Millowitsch) und Ilka (Tamara Rohloff), die seit ihren Kindertagen beste Freundinnen sind und gemeinsam in einem Hamburger Hotel, das von dem charmanten Ronaldo Schäfer (Walter Sittler) geleitet wird, arbeiten. Die TV-Serie behandelt auch Themen rund um Frauen- und Männerfreundschaften, Liebesgeschichten, Beziehungskrisen und Mobbing am Arbeitsplatz. Im Jahr 2002 wurde mit leicht veränderter Besetzung eine 5. Staffel produziert, zu Beginn der 6. Staffel (2004) haben Mariele und Walter ihre Mitarbeit in der Serie beendet. Gedreht wurden die 92 Folgen überwiegend in Hamburg.

Das Hotel in der Serie ist in der Wirklichkeit sowohl das „Steigenberger Hotel Hamburg" („Hansson Hotel"), ein Bürogebäude des „Hanseatic Trade Center" an der Kehrwiederspitze („Hansson Palace") als auch das „Dorint Hotel Alter Wall" (heute „Sofitel-Hotel") direkt am Alsterfleet („Grand Hansson Hotel").


„Und Bitte" heißt es 2012 immer wieder auf dem Hauptfriedhof Altona und die Schauspieler Juliane Köhler und Rainer Bock gehen wieder in ihre Ausgangsposition zurück. Bei klirrender Kälte (aber immerhin strahlendem Sonnenschein) laufen die Dreharbeiten für die deutsch-norwegische Kinoproduktion **„Zwei Leben"** auf Hochtouren. Darstellerin Juliane Köhler schlüpft dafür in die Rolle der Katrin Evensen, die ein gefährliches Doppelleben führt. In Bjarte (Sven Nordin) hat sie die Liebe ihres Lebens gefunden und lebt mit ihm, ihrer Mutter Ase (Liv Ullmann), Tochter Anne (Julia Bache-Wiig) und deren Kleinkind Turid glücklich in Norwegen.

Die Friedhofszenen entstanden auf dem Friedhof Altona, der 1916 vom damaligen Gartenbaudirektor Ferdinand Tutenberg geplant wurde. Die ersten Beisetzungen erfolgten 1923 nach mehrjährigem Bau. Heute umfasst der Hauptfriedhof Altona eine Gesamtfläche von 63 Hektar.

Im luxuriösen „Sofitel Hamburg Alter Wall" nahe der Alster im Herzen der Altstadt trifft hanseatische Eleganz auf französische Lebensart. Die Fassade wurde zwischenzeitlich verändert, heute erinnert nur wenig an die Dreharbeiten für die Serie „Girl Friends".

Von links: Stefanie Höner, Manon Straché, Jana Kozewa und Franziska Stavjanik mit einer Filmklappe aus dem Jahr 2005 in der Hand. Das Foto entstand bei Dreharbeiten am Vorplatz des Hotels.

Juliane Köhler und Rainer Bock gehen auf dem Hauptfriedhof Altona spazieren.

17

Das Chilehaus im Hamburger Kontorhausviertel ist eines der sehenswertesten Gebäude der Hansestadt und wurde zwischen 1922 bis 1924 erbaut. Die Architektur von Fritz Höger war beispielgebend für den Backsteinexpressionismus der 1920er Jahre, der von Backsteingotik und Expressionismus inspiriert war. Der Bau stellt mit seinen etwa 36.000 Quadratmetern Bruttogeschossfläche bis zu zehn Stockwerken auf einer Grundfläche von fast 6.000 Quadratmetern mit seinen 2.800 Fenstern eines der ersten Hamburger Hochhäuser dar. Eine Touristenattraktion: Die nach Osten ausgerichtete Gebäudespitze, die an ein Schiffsbug erinnert, ist es zu einer Ikone des Expressionismus in der Architektur geworden. In der Realtiy-Doku **„Rachs Restaurantschule"** (ausgestrahlt auf RTL, mit TV-Koch Christian Rach) wurde in einem Lokal an dieser Hausspitze die erste Staffel (ausgestrahlt 2010) produziert. Christian Rach war Verantwortlicher und einer der vier Ausbilder der Kandidaten der Sendung.

In der Folge „Auf gute Nachbarschaft" in der TV-Serie **„Heimatgeschichten"** geht es um Johanna Schubert (gespielt von Inge Meysel), die sich eine Villa an der Peripherie Hamburgs gemietet hat. Am Umzugstag steht plötzlich Konrad Prack (Heinz Reincke) mit einem Möbelwagen vor eben dieser Villa – auch er hat die Villa gemietet. Die beiden müssen feststellen, dass sie von einem unseriösen Makler betrogen wurden. In der Not ziehen sie erst einmal zusammen, liefern sie sich aber heftige Schlachten, um dem anderen das Leben zu versauern. Verwandtenbesuch führt zu einem vorläufigen Waffenstillstand. Der Vermieter hat in der TV-Serie seinen Sitz im Chilehaus. In der Episode sind sowohl der Eingang als auch das Gebäude selbst zu sehen. Außerdem diente der Innenhof des imposanten Gebäudes auch fürs **„Großstadtrevier"** und **„Notruf Hafenkante"** als Filmkulisse.

Am 5. Juli 2015 wurde das Kontorhausviertel zusammen mit der Hamburger Speicherstadt und dem Chilehaus zum UNESCO-Weltkulturerbe ernannt.

Auch mehrere U-Bahnhöfe im Großraum Hamburg dienten und dienen immer wieder als Kulisse für verschiedene Fernseh- und Filmproduktionen. In der TV-Serie **„Evelyn Hamann's Geschichten aus dem Leben"** (Folge „Lokaltermin/Erwischt") kontrolliert Evelyn Hamann in ihrer Rolle als Kontrolleurin mehrere Fahrgäste, die in einer fahrenden U-Bahn sitzen. Ein Fahrgast macht sich einen Spaß aus der Kontrolle und

*Die Fotos oben zeigen das Chilehaus in der Fischertwiete 2A.*
*Das Foto rechts zeigt den Außenbereich der U-Bahn-Haltestelle „Messberg".*

und holt gleiche mehrere abgelaufene Fahrscheine aus seinen Hosentaschen. Die Kontrolleurin entschließt sich, bei der nächsten Haltestelle auszusteigen. So sitzen der mutmaßliche Schwarzfahrer und die Kontrolleurin auf einer Bank im Bereich einer U-Bahn-Haltestelle. Der Fernsehzuschauer kann im Hintergrund den Schriftzug „Messberg" lesen. Der U-Bahnhof „Baumwall" (U 3) war in mehreren Folgen von **„Notruf Hafenkante"** zu sehen, die Haltestelle „Landungsbrücken" (nur eine Station entfernt) diente schon im **„Großstadtrevier"** als Drehort.

In dem östlichen Stadtteil Volksdorf gibt es das Museumsdorf Volksdorf – ein Freilichtmuseum bestehend aus sieben Wohn- und Wirtschaftsgebäuden aus dem 17. bis 19. Jahrhundert und einer Ausstellung mit Haus- und Arbeitsgeräten. Drei der Gebäude stehen an ihrem Originalstandort, die anderen wurden aus der Umgebung auf das Außengelände transloziert oder auf Grundlage alter Gebäuden neu errichtet. Das Museumsdorf Volksdorf wird vom Verein „De Spieker, Gesellschaft für Heimatpflege und Heimatforschung in den hamburgischen Walddörfern e.V." fast ausschließlich ehrenamtlich betrieben und erhalten. Die für den Betrieb erforderlichen Mittel werden durch den Verein aus Mitgliederbeiträgen (2.000 Mitglieder), Spenden und Einnahmen aus Veranstaltungen aufgebracht. Eigentümerin der Gebäude ist die „Stiftung Museumsdorf Volksdorf", die auch die finanziellen Mittel für Investitionen zum Erhalt der Gebäude sammelt und zur Verfügung stellt. Für mehrere Folgen der ARD-Märchenreihe **„Sechs auf einen Streich"** diente das Gelände als Kulissse für Dreharbeiten. Ein Gebäude diente in der Episode „Der blinde Hellseher" der Kinderserie **„Ein Fall für TKKG"** ebenfalls als Filmkulisse. Szene: Der Hellseher Raimondo sitzt mit Amanda auf der Terrasse, im Hintergrund das historische reetgedeckte Haus. Ausführliche Infos finden Sie im Internet unter museumsdorf-volksdorf.de.

Wer aufmerksam die ARD Krimiserie **„Heiter bis tödlich: Nordisch Herb"** anschaute und Fahrzeuge mit dem Kennzeichen NF (Nordfriesland) durchs Bild fahren sah, dachte, die Serie sei im Kreis Nordfriesland in Schleswig-Holstein gedreht worden. Aber auch in diesem Falle steht fest: es ist mehr Hamburg als Husum (oder Umgebung) im Fernsehen. Zwar spielt die Serie mit Frank Vockroth, Ulrich Voß, Thomas Kügel und Loretta Stern in der etwa 24.000 Einwohner-Stadt an der Nordsee – viele Kulissen sind allerdings in Hamburg zu finden. Die Kriminalpolizei Husum ist in den Folgen in der fiktiven Deichstraße 102 in Husum. In der Wirklichkeit befindet sich das Gebäude in der Straße Estedeich im Stadtteil Cranz in Hamburg (gegenüber der „echten" Hamburger Polizei). Die Polizeistation wurde komplett in dem Backsteinhaus eingerichtet, im Eingangsbereich wurden Schilder mit der Aufschrift „Kriminalpolizei Dezernat Mord" angebracht. Das Bestattungsunternehmen von Claas Peterson ist in einem Gebäude an der Kirchenstegel 8 in Altengamme zu finden. 2011 wurden 16 Folgen der Serie mit dem Untertitel „Nordisch herb" gedreht und zwischen Oktober 2011 und Februar 2012 ausgestrahlt.

*Das Museumsdorf Volksdorf befindet sich in der Straße Im Alten Dorfe 46-48 in Volksdorf.*

*Oben: dieses Backsteingebäude am Estedeich im Stadtteil Cranz diente als Kulisse der Husumer Kriminalpolizei. Das Foto links zeigt die Schauspieler Loretta Stern und Frank Vockroth am Set.*

Die Hamburger Meile, ein Einkaufszentrum in Barmbek, gehört zu den längsten Shopping-Centern in Europa. Mit über 150 Geschäften, vielen Cafés und Restaurants bietet dem Besucher ein Einkaufs- und Flanier-erlebnis auf etwa 47.700 Quadratmetern. „Ob vielfältige Shoppingan-gebote oder Leckereien für Schlemmer und Naschkatzen. Große Mar-ken sorgen für das qualitativ hochwertige Angebot und bieten manchmal ganz besondere Spezialitäten an", wie das Einkaufszentrum selbst auf seiner Homepage schreibt. Genau weil das Einkaufszentrum so weitläu-fig und abwechslungsreich ist, spielt die Hamburger Meile in der Episo-de „Rückkehr des Teufels" der ZDF-Krimiserie **„Einsatz in Hamburg"** quasi die Hauptrolle. Mehrere Tage lang drehte das Team dort einige Sze-nen. Die Serie „Einsatz in Hamburg" wurde von 2000 bis 2013 als Sams-tagskrimi um 20.15 Uhr im Wechsel mit anderen Reihen ausgestrahlt. Es wurden 15 Folgen ausgestrahlt, wobei die ersten beiden Episoden noch unter dem Titel „Jenny Berlin" liefen. Die nächste Folge wurde erst zwei Jahre später ausgestrahlt und trug dann den Titel „Einsatz in Hamburg". Als Darsteller standen Hannes Hellmann, Aglaia Szyszkowitz, Rainer Strecker und unter anderem Victoria Trauttmansdorff vor der Kamera.

Das Walddörfer-Gymnasium (ehemals „Walddörferschule") ist ein Gym-nasium im Stadtteil Volksdorf, das 1930 gegründet wurde. Es wurde vom Hamburger Stadtbaumeister Fritz Schumacher gebaut. Die Aula und die beiden L-förmig ausgelegten und zweigeschossigen Flachdachbauten um-schließen den großzügigen Innenhof der Schule. Auf diese Schule gingen übrigens schon Robert Atzorn (Schauspieler), Boy Gobert (Schauspieler und Theaterregisseur) und Hamburgs ehemaliger Erster Bürgermeister Ole von Beust. Das heutige Walddörfer Gymnasium diente für die Folge „Das Erfolgsgeheimnis" (Episode 263) im **„Großstadtrevier"** als Film-kulisse. Der jungen Lehrerin Frau Winkler (gespielt von Doreen Nixdorf) werden die Lösungen für die Mathearbeit einer zwölften Klasse aus dem Auto gestohlen. Schnell gerät der 18-jährige Nuri (Oktay Özdemir) in den Fokus der Ermittlungen von den beiden Polizisten vom PK 14 Katja Metz (Anja Nejarri) und Ben Kessler (Sebastian Hölz). Der sonst unter Prüfungsangst leidende Schüler freut sich auffällig euphorisch über die gerade geschriebene Klausur, von der seine Zulassung zum Abitur ab-hängt. Als in der darauffolgenden Nacht auch noch die Matheklausuren verschwinden, scheint der Fall gelöst: Nuri hat die ermogelte Arbeit bei-seitegeschafft, um nicht aufzufliegen.

*Das Einkaufszentrum Hamburger Meile befindet sich in der Hamburger Straße 27 in Barmbek-Süd.*

Dann finden allerdings die Zivilfahnder „Harry" Möller (Maria Ketikidou) und Henning Schulz (Till Demtrøder) jedoch heraus, dass Frau Winkler mit ihrem Beruf hoffnungslos überfordert ist. Hat sie etwa die Matheklausuren verschwinden lassen, um sie nicht korrigieren zu müssen? Gedreht wurden die Außenaufnahmen auf dem Schulgelände, welches in der Straße Im Allhorn 45 im Stadtteil Volksdorf zu finden ist. Ganz gut zu erkennen ist in der Folge der Sportplatz, auf dem der Schüler Nuri vor lauter Frust seine Runden dreht. Auch die Szene mit dem Fahrzeug der Lehrerin entstand auf einem Parkplatz an der Schule.

Die City Nord ist eine Bürostadt im Stadtteil Winterhude (Bezirk Hamburg-Nord) und mit ihren einzigartigen und zum Teil skurrilen Gebäuden immer wieder Anziehungspunkt für Filmproduktionen. Wie auf Seite 74 ausführlicher beschrieben, entstanden in einem Gebäudekomplex am Mexikoring Innenaufnahmen für die ZDF-Serien **„Stralsund"** und **„Nachtschicht"**. Der Charme der 1970er Jahre ist bei einigen Filmen und Serien immer noch angesagt – das zeigt beispielsweise auch der Hamburger **„Tatort"** mit Til Schweiger und Fahri Yardım in den Hauptrollen. Die Büro-Szenen wurden im Gebäude der Ergo-Versicherung gedreht. Anja Kling, Wotan Wilke Möhring und Franziska Weisz standen für den norddeutschen **„Tatort – Dunkle Zeit"** ebenfalls in dem Gebäude der Ergo Lebensversicherung am Überseering vor der Kamera.

In der Polizeiserie **„Großstadtrevier"** knallt in der Folge „Ausgebrannt" ein Bus auf einen Pkw – auch diese Szene wurde in der City Nord gedreht. Auf dem Überseering fanden 2014 weitere Dreharbeiten für die Kultserie statt. Mehrere Straßen im Büroareal am Stadtpark mussten für amtliche Actionszenen gesperrt werden. Gedreht wurde ein Verkehrsunfall, zu dem Nina Sieveking (Wanda Perdelwitz) und Paul Dänning (Jens Münchow) angestürmt kommen. Es ist bei weitem nicht der letzte Dreh in der City Nord...

Wechsel von der City Nord in den per Luftlinie drei Kilometer entfernen Stadtteil Ohlsdorf: Hier befindet sich die Justizvollzugsanstalt Fuhlsbüttel, umgangssprachlich „Santa Fu" genannt. Ursprünglich war sie im Stadtteil Fuhlsbüttel, liegt heute aber nach Grenzverschiebungen in Ohlsdorf. Sie ist als reine Männeranstalt zuständig für den geschlossenen Strafvollzug und Sicherungsverwahrung. Für den Film **„Der Hauptmann von Köpenick"** wurden in dem typischen Gefängnis aus der Kaiserzeit im Jahr 1956 die Knastszenen gedreht. Hauptdarsteller Heinz Rühmann agierte als Schuster Wilhelm Voigt, der nach 15 Jahren Haft entlassen wird. Regie führte Helmut Käutner. Auch Teile des Films **„Aus dem Nichts"** wurden in der weltweit bekannten Haftanstalt „Santa Fu" produziert, genauso wie Szenen fürs **„Großstadtrevier"**. **„Im Namen des Volkes"** war ein dokumentarischer Film, der mit Insassen der Haftanstalt gedreht wurde. Der Film wurde mit dem „Silbernen Bären" und dem Bundesfilmpreis ausgezeichnet. Auf dem Vorplatz des Gefängnisses entstanden beispielsweise auch Aufnahmen für die ZDF-Serie **„Nachtschicht"** mit Barbara Auer und für den **„Polizeiruf 110"**-Krimi aus Rostock (ARD). **„Die Verrohung des Franz Blum"** ist ein Gefängnisdrama

aus dem Jahre 1974 mit Jürgen Prochnow in der Titelrolle.

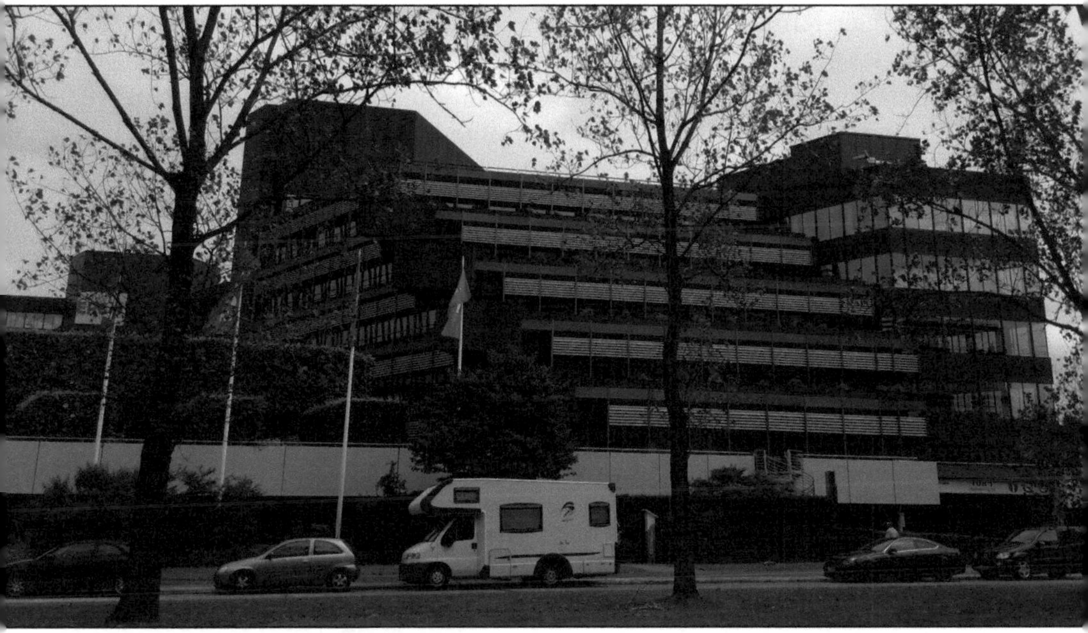

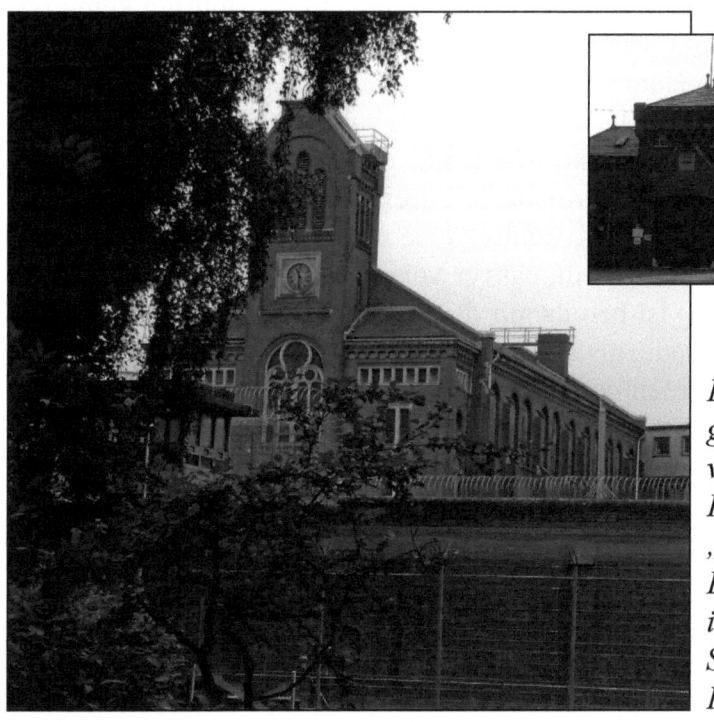

*Die zahlreichen Bürogebäude bieten gute Bedingungen für Filmarbeiten.*

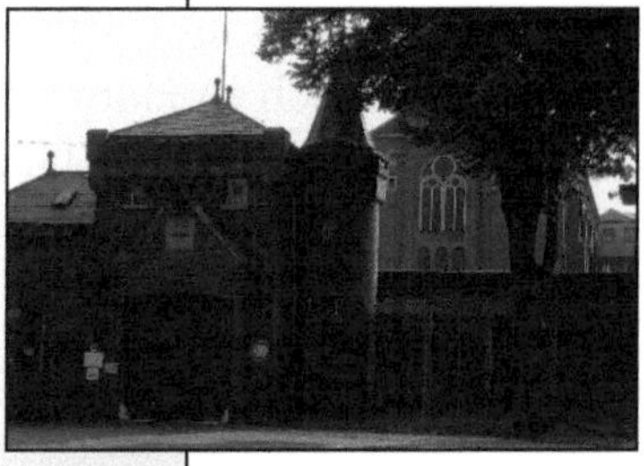

Foto: Gerhard Kemme

*Der Haupteingang der Justizvollzugsanstalt Fuhlsbüttel (kurz: „Santa Fu“). Die Haftanstalt ist zu finden im Suhrenkamp 92 in Hamburg.*

Das Altonaer Kinderkrankenhaus im Stadtteil Ottensen ist ein seit 1859 bestehendes Fachkrankenhaus für Kinder und Jugendliche. Über 200 Betten für stationäre und teilstationäre Behandlungen stehen zur Verfügung. Seit 2006 ist das Kinderkrankenhaus eine Tochtergesellschaft des Universitätsklinikums Hamburg-Eppendorf (UKE). Neben der Versorgung Früh- und Neugeborener und der allgemeinpädiatrischen Versorgung mit breit gefächertem Spezialwissen sowie einer umfangreichen Säuglings- und Kinderchirurgie nimmt es uneingeschränkt an der Notfallversorgung in der Hansestadt teil. Das Kinderkrankenhaus in der Bleickenallee 38 fungierte bei Dreharbeiten als Filmkulisse, beispielsweise für den Kriminalfilm **„Teuflischer Engel"** (ARD, Regie: Peter Kahane) aus dem Jahr 2000 mit Julia Stemberger, Gottfried John und Guntbert Warns in den Hauptrollen. Ausführliche Informationen zu dem Kinderkrankenhaus finden Sie im Internet unter www.kinderkrankenhaus.net.

Ortswechsel von Ottensen in den Stadtteil Hamm: im Droopweg surrten 2014 die Kameras für den Kinofilm **"Kleine Ziege, sturer Bock"**. Mit dabei: "Tatort"-Star Wotan Wilke Möhring. In einem Hinterhof eines Motels entstanden unter anderem Außenaufnahmen. Möhring kennt das östliche Hamburg gut. Bereits für die Serie „Stralsund" stand der Schauspieler mehrfach in Hammerbrook und Rothenburgsort vor der Kamera. Nun also ein Kinofilm. Und das ist der Inhalt des Films: Der Lebenskünstler Jakob (Wotan Wilke Möhring), der sich sein Geld als Elvis-Imitator in Altersheimen verdient, lebt frei und ungebunden in den Tag hinein. Bis sich Julia (Julia Koschitz), eine seiner Ex-Affären, nach zwölf Jahren meldet und ihm mitteilt, dass er Vater ist. Die gemeinsame Tochter Mai (Sofia Bolotina) ist bereits auf dem Weg zu ihm, um ihn kennen zu lernen – und das gerade, als er einen Job als Fahrer bei einem internationalen Transportunternehmen angenommen hat. Es bleibt ihm also nichts anderes übrig, als mit der neu gewonnen Tochter im Schlepptau, einem Ziegenbock als Fracht und einem klapprigen Transporter nach Norwegen aufzubrechen. Auf dem Weg ins Land der Fjorde muss sich Jakob dann mit den Herausforderungen der Vaterschaft und der Sturheit seiner Fracht herumschlagen. Am 15. Oktober 2015 kam der Film in die Kinos. Das Motel im Droopweg war mehrere Tage lang Filmkulisse für „Kleine Ziege, sturer Bock". Übrigens drehte auch das Filmteam vom **„Großstadtrevier"** im Innenhof und vor der Einfahrt. Zu sehen sind die Aufnahmen

![Das Kinderkrankenhaus Altona in der Bleickenalle 38.]

*Das Kinderkrankenhaus Altona in der Bleickenalle 38.*

in der Folge „Amok", in der auf Polizistin Anna Bergmann geschossen wird. In der Folge gibt es einen wilden Schusswechsel, der im Droopweg gedreht wurde.

*Das Foto oben zeigt die Einfahrt im Droopweg. Das Motel befindet sich im Hinterhof, der schon mehrfach als Filmkulisse diente. Das Foto links zeigt Wotan Wilke Möhring zusammen mit Regisseur Johannes Fabrick bei einem Settermin.*

27

Das ehemalige Gut Wellingsbüttel im Norden der Stadt ist ein denkmalgeschütztes Ensemble aus Herren- und Torhaus an der Alster und befindet sich inmitten des unter Naturschutz stehenden Alstertales. Das Torhaus beherbergt das Alstertalmuseum (mehr dazu unter www.alsterverein.de), während im Herrenhaus heute ein Pflegeheim beheimatet ist. Das Gelände wurde in den vergangenen Jahren mehrfach von Film- und Fernsehproduktionen aufgesucht. Für den Film **„Honig im Kopf"** entstanden in auf dem Gelände des heutigen Pflegeheims Außen- und Innenaufnahmen. Die Szene: Niko (gespielt von Til Schweiger) sucht ein Pflegeheim für Amandus (Dieter Hallervorden). Auch machte das Filmteam der ARD-Krimiserie **„Elvis und der Kommissar"** mit Jan-Gregor Kremp, Ruth-Maria Kubitschek, Tessa Mittelstaedt und Florian Fitz in den Hauptrollen einige Male einen Zwischenstopp auf dem ehemaligen Gut Wellingsbüttel. Aufnahmen entstanden dort auch für den Thriller **„Gefangen"** (mit Claudia Michelsen, Ralph Herforth, Matthias Koeberlin, Torsten Michaelis und Charly Hübner) und für die Krimiserie **„Adelheid und ihre Mörder"** mit Evelyn Hamann, Heinz Baumann und Gisela May.

Das Hafenkrankenhaus an der Seewartenstraße 10 im Stadtteil St. Pauli ist ein ehemaliges Krankenhaus und heutiges Ärzte- und Ambulanzzentrum. Im Jahre 1968 produzierte der NDR die 13-teilige Fernsehserie **„Hafenkrankenhaus"** mit Alltagsgeschichten, die sich in dem Krankenhaus abspielten. Regisseur der Serie war Erich Neureuther. Als Hauptdarsteller standen unter anderem Anneli Granget (als Schwester Inge), Rolf Schimpf (als Doktor Kettelhacke), Wolfgang Arps (als Doktor Petersen) und Christa Siems (als Oberschwester Brigitte) vor der Kamera. Produzent der Serie „Hafenkrankenhaus" war Gyula Trebitsch.
Im Jahre 1997 folgte (nach langem hin und her) der endgültige Schließungsbeschluss des Hamburger Senats. Aber dennoch wurde und wird das ehemalige Hafenkrankenhaus von Filmproduzenten heimgesucht. Unter anderem wurde das Gelände von Produktionen wie **„Der Landarzt"**, **„Doppelter Einsatz"** oder **„Girl Friends"** für Dreharbeiten genutzt. Auch das Team der **„Rettungsflieger"** und dem Hamburger Klassiker **„Großstadtrevier"** kamen für Filmarbeiten in die Seewartenstraße angerückt. Auch der Film **„Absolute Giganten"** wurde zum Teil im ehemaligen Hafenkrankenhaus gedreht. Dabei handelt es sich um einen 1998 produzierten Spielfilm von Sebastian Schipper mit Antoine Monot, Jr., Frank Giering und Florian Lukas in den Hauptrollen.

*Das ehemalige Gut Wellingsbüttel ist im Wellingsbüttler Weg 71 in Hamburg-Wellingsbüttel zu finden.*

Es gibt im Stadtteil St. Pauli einen etwa 50 Hektar großen, unbebauten Platz zwischen dem Millerntor-Stadion (das Zuhause des FC St. Pauli) und den „Großen Wallanlagen": das Heiligengeistfeld. Auf der größtenteils asphaltierten Fläche findet dreimal im Jahr der Vergnügungsmarkt „Hamburger Dom" statt. Der Dom lockt sowohl im Frühjahr, Sommer als auch Winter Hunderttausende Menschen an. Das Heiligengeistfeld wird im Osten von Planten un Blomen, im Westen von den Wohngebieten von St. Pauli und im Norden vom Schanzenviertel und dem benachbarten Karolinenviertel begrenzt. Auf dem Gelände befindet sich neben dem Fußballstadion auch die in 2014 neu eröffnete Rindermarkthalle und ein ehemaliger Luftschutzbunker aus dem Zweiten Weltkrieg.

Verschiedene Jahrmarktszenen wurden für Film- oder Fernseharbeiten produziert. Mehrfach ist der Dom in der Polizeiserie **„Großstadtrevier"** zu sehen. Unter anderem fahren Dirk Matthies (Jan Fedder) und Tanja König (Andrea Lüdke) mit ihrem Streifenwagen 14/2 übers Jahrmarktgelände und beobachten Jugendliche. Der Dom diente aber auch als Drehort für die Filme **„Gegen die Wand"**, **„Ein Fall für TKKG"** und **„Der Amerikanische Freund"**. Auch für die Arzt- und Polizeiserie **„Notruf Hafenkante"** wurden Szenen auf dem Heiligengeistfeld gedreht.

Der wohl bekannteste Hochbunker in Hamburg steht auf dem Heiligengeistfeld auf St. Pauli. Der ehemalige Flakturm (Flak = Flugabwehrkanonen) ist 75 Meter mal 75 Meter breit und etwa 40 Meter hoch. In dem Bunker sendete der damalige NWDR (heute NDR) und entwickelte dort schon bekannte Formate wie die „Tagesschau", noch heute wird er „Medienbunker" genannt. Hinter den dicken Mauern befinden sich unter anderem Werbe- und Promotionagenturen, Firmen aus der Fernsehbranche, die „Bunkerhillgalerie" und Studios einer Medienhochschule. Auch das Webradio „ByteFM" sendet aus dem Hochbunker. Bekannt ist der Hochbunker auch aus Film und Fernsehen. So wurden beispielsweise Szenen für die deutsche Filmkomödie **„Süperseks"** (Regie: Torsten Wacker) im und vor dem Hochbunker gedreht. Ab 1953 sendete der NWDR mit Clemens Wilmenrod (gilt als der Erfinder des Hawaii-Toast) die erste Kochshow im Fernsehen: **„Clemens Wilmenrod bittet zu Tisch"**. Im Film **„Kick it like Beckham"** ist der Bunker genauso zu sehen, wie in Folgen der ARD-Serie **„Großstadtrevier"**, **„Die Rettungsflieger"** und in der Serie **„Notruf Hafenkante"** (beide ZDF).

*Dreimal im Jahr lockt der Hamburger Dom Hunderttausende Besucher aufs Heiligengeistfeld.*

Das City-Center Bergedorf , kurz CCB, ist ein 1973 eröffnetes und 2008 und 2010 erweitertes Einkaufszentrum im Stadtteil Bergedorf. Aus dem zweistöckigen CCB ragt ein etwa 50 Meter hoher Wohnturm, der das Stadtbild Bergedorfs mitprägt. Das CCB besteht aus drei Gebäudekomplexen und ist ein Aufenthalts- und Einkaufspunkt. Wegen seiner zentralen Nähe in Bergedorf und der guten Anbindung durch die Bundesstraße 5 ist die Einkaufspassage immer wieder mal auch Kulisse für verschiedene Filmproduktionen.

Für die ARD-Krimireihe **„Polizeiruf 110"** mit den Rostocker Ermittlern Hauptkommissar Alexander Bukow (gespielt von Charly Hübner) und Profilerin Katrin König (Anneke-Kim Sarnau) wurde ein Teil des Einkaufszentrums während der Dreharbeiten abgesperrt. In der Reihe selbst waren dann Szenen auf der Rolltreppe und einigen Ladengeschäften zu sehen. Auch das benachbarte Bergedorfer Forschungs- und Entwicklungszentrum am Schleusengraben war zu sehen. Auch der Film **„Selbst ist der Mensch"** (Untertitel: „Alltag mit ambulanter Assistenz von Menschen mit Behinderung") von der alsterdorf assistenz ost gGmbH wurde im CCB gedreht. Das CCB ist zu finden in der Bergedorfer Straße 105.

Bleiben wir im Stadtteil Bergedorf: nur wenige Hundert Meter vom CCB entfernt befindet sich das einzige erhalten gebliebene Schloss im Stadtgebiet. Das Bergedorfer Schloss liegt direkt am Fluss Bille und befindet sich in einem schönen Schlosspark, welcher Ende des 19. Jahrhunderts zu einem öffentlich zugänglichen Landschaftsgarten umgestaltet wurde. Das Schloss wurde erstmalig es im 14. Jahrhundert urkundlich erwähnt. Bis 1420 diente es den Herzögen von Sachsen-Lauenburg zeitweise als Residenz. Die Fachwerkteile sind über 300 Jahre alt, der neugotische Nordflügel mit Turm und Einfahrt entstand zwischen 1889 und 1902. Das Schloss beherbergt das Museum der Stadt.

Auf dem Schlossgelände machten im Laufe der Zeit auch einige Filmteams Halt. So wurden beispielsweise für die ZDF-Serie **„Notruf Hafenkante"** Szenen im Schlosspark produziert, genauso wie fürs **„Großstadtrevier"** und der Kinderserie **„TKKG"**. Das Schloss Bergedorf fungierte auch als Drehort für die Fernsehreihe **„Sechs auf einen Streich"**, einer Fernsehreihe des Ersten Deutschen Fernsehens mit Verfilmungen von Märchen beziehungsweise Motiven aus Märchen, Erzählungen und Gedichten der Brüder Grimm, Hans Christian Andersens und weiteren...

Der etwa 50 Meter hohe Wohnturm (rechts im Bild) gehört zu den drei Gebäuden des CCB. Links ist der Übergang über den Schleusengraben zu sehen.

Das Schloss Bergedorf ist in der Bergedorfer Schlossstraße 4 in 21029 Hamburg zu finden.

Auf der Reeperbahn gibt es die Kneipe „Zur Ritze" – eine kleine Kneipe mit Boxring im Keller. Sie befindet sich etwas versteckt im Hinterhof und hat eine berühmte Eingangstür, die rechts und links von zwei gespreizten Frauenbeinen mit High Heels flankiert ist. Bis heute wird die Ritze als Boxraum genutzt, in dem Dariusz Michalczewski, Henry Maske, Vitali und Wladimir Klitschko, Ben Becker und Zuhälter St. Paulis trainert haben. In dieser Location wurden mehrere Szenen fürs **„Großstadtrevier"** gedreht (Folgen „Der Boxer", „Der Besuch" und „Videomann"). Aber auch das Team von **„Die Männer vom K3"** und das Filmteam der Kiezkomödie **„Der letzte Lude"** drehten in der Ritze. Auch diente die Kneipe für den Film **„Nur Gott kann richten"** als Filmkulisse. Auch Dreharbeiten von **„ Gipsy Queen"** fanden in der Ritze statt. Und auch der britische Spionagefilm des Regisseurs Anton Corbijn **„A Most Wanted Man"** aus dem Jahr 2014 wurde teilweise in der Kiezkneipe produziert. .

Locationsscouts nehmen die Kneipe vielleicht deshalb, weil hier echte Rotlichtgrößen ein und ausgegangen seien. Tatsächlich war die berühmte Kneipe auf St. Pauli mehrmals ein realer Tatort. Der Zuhälter „Chinesen-Fritz" wurde hier 1981 erschossen. 2006 erhängte sich Stefan Hentschel, der einstige „Pate von St. Pauli", im Keller.

Das „Kraftwerk Leverkusenstraße" in Bahrenfeld diente der Stromversorgung von Stadt- und Vorortbahnen und der Altonaer Hafenbahn und gilt als erstes Bahnkraftwerk Deutschlands. Heute ist es ein Büro- und Geschäftshaus, in dem unter anderem die Redaktionen mehrerer Männer- und Computermagazine, ein Fotostudio, ein Tanzstudio, eine Partylocation sowie ein Restaurant von Tim Mälzer beheimatet sind. Im linken Flügel des Gebäudes wurde mehrere Monate lang extra eine Polizeistation eingerichtet – allerdings nur für Dreharbeiten. In einem großem Raum standen zahlreiche Schreibtische mit Computern, Laptops, Bildschirmen. An den Wänden hingen Stadt- und Landeskarten von Schleswig-Holstein. Es gab Pinwände, an denen Haftbefehle angebracht waren. Die Polizeistation war zu sehen in der ZDF-Serie **„Da kommt Kalle"**, die in der Fördestadt Flensburg spielte. Der TV-Zuschauer bekam den Eindruck, die Polizeistation wäre direkt am Schiffbrückplatz, am Flensburger Hafen. Aus Kosten- und Zeitgründen wurden allerdings die Innenaufnahmen in Hamburg gemacht. Ähnlich verhält es sich mit der Serie **„Unter anderen Umständen"**, die in Schleswig spielt. Auch hier wurden die Innenaufnahmen im „Kraftwerk Leverkusenstraße" produziert.

*Die Kneipe „Zur Ritze" zählt zu den Kiez-Legenden. Sie beherbergt einen berühmten Boxkeller und ist mit Wänden voller Fotos versehen, die Promis und Kiezgrößen zeigen.*

*Im linken Gebäudeflügel des „Kraftwerks Leverkusenstraße" wurde zeitweise eine Polizeistation nachgebaut, die für Dreharbeiten genutzt wurde.*

*Sabine Kaack als Polizeioberkommissarin Pia Andresen und Marek Erhardt als Polizeioberkommissar Oliver Kottke am Set von „Da kommt Kalle".*

Sie gehört neben der Köhlbrandbrücke, der Elbphilharmonie und der historischen Speicherstadt zu den schönsten Wahrzeichen der Hansestadt: die Hauptkirche St. Michaelis, kurz „Michel" genant. Besonders beeindruckend sind das Kirchenschiff samt der fünf Orgeln, der Gewölbekeller und die wahnsinnig schöne Aussicht vom Kirchturm. Der „Michel" gilt als bedeutendste Barockkirche Norddeutschlands und wurde in seiner knapp 400-jährigen Geschichte zweimal komplett wiederaufgebaut werden. Die Kirche ist dem Erzengel Michael geweiht, der als große Bronzestatue über dem Hauptportal dargestellt ist. Der Kirchbau steht im Stadtteil Neustadt zwischen Ludwig-Erhard-Straße, Krayenkamp und Englischer Planke. Der Kirchturm hat eine Höhe von offiziell 132,14 Metern, die Aussichtsplattform ist in 106 Meter Höhe. Im Inneren des „Michels" und auf dem Vorplatz fanden in der Vergangenheit Dreharbeiten für TV-Serien und Filme statt. Beispielsweise wurden Teile der Folge „Herzalarm Teil 1" und „Herzalarm Teil 2" der ZDF-Serie **„Die Rettungsflieger"** rund um den „Michel" gedreht. Im Vorspann (je nach Staffel) der Serie **„Notruf Hafenkante"**, **„Einsatz in Hamburg"**, **„Zwei Münchner in Hamburg"** und **„Großstadtrevier"** ist Hamburgs einzigartige Kirche zu sehen. Auch in **„Evelyn Hamanns Geschichten aus dem Leben"** (Folge „Erwischt") ist die Hauptkirche St. Michaelis zu sehen. Englische Planke 1. Ausführliche Informationen unter www.st-michaelis.de.

Welcher Fernsehzuschauer der beliebten Serie **„Zwei Münchner in Hamburg"** hat sich in den Jahren 1989 bis 1993 – also während der Ausstrahlung – nicht schon gefragt: „Wo ist die hübsche, kleine Villa mit der hellblauen Fassade, in der in der Serie die Leiterin der Zentrale der Bayernbank am Standort Hamburg wohnt?"
Nach langer Recherche kann an dieser Stelle die Antwort gegeben werden: die Stadtvilla befindet sich in der Abteistraße im Stadtteil Eppendorf. Das Wohnhaus hat die Hausnummer 20 (rechts im Bild) und ist heute nur schwer wieder zu erkennen, da das Gebäude in den vergangenen Jahren renoviert wurde und einen komplett neuen Anstrich bekommen hat. Auch der Vorgarten wurde zwischenzeitlich neu gestaltet. Mehrfach wurde die Abteistraße für Filmarbeiten aufgesucht und Innen- sowie Außenaufnahmen produziert. Aufmerksame TV-Zuschauer werden übrigens die hübsche Villa auch in der Serie **„Großstadtrevier"** wieder erkannt haben. In der Folge „Die lieben Alten" (mit Jan Fedder und Mareike Carrière) in den Hauptrollen fungierte das Gebäude als „BPA Seniorenheim".

*Hamburg hat viele große Kirchen – aber nur einen „Michel": Auf seiner Plattform in 106 Meter Höhe bietet sich ein sagenhafter Blick über ganz Hamburg mit seinem Hafen und Innenstadt. Im Intro (Vorspann) der Serie „Die Rettungsflieger" und im Abspann fliegt die Belle Uh 1D „Anneliese" am Michel vorbei. Öffnungszeiten: Mai bis Oktober: täglich 9 bis 20 Uhr (letzter Einlass 19:30 Uhr), November bis April: täglich 10 Uhr bis 18 Uhr (letzter Einlass 17:30 Uhr).*

Im Bezirk Mitte befindet sich das Hamburger Rathaus, der Sitz der Bürgerschaft (Parlament) und des Senats (Landesregierung) der Freien und Hansestadt Hamburg. Das architektonisch prachtvolle Gebäude an der Binnenalster wurde zwischen den Jahren 1886 und 1897 durch verschiedene Baumeister (Bernhard Hanssen, Wilhelm Meerwein, Johannes Grotjan) im historistischen Stil der Neorenaissance errichtet. Der Turm hat eine Höhe von 112 Metern und ist damit eine markante Landmarke im Hamburger Stadtbild. Der zweiflügelige Granit- und Sandsteinbau besitzt eine 111 Meter breite Fassade mit dem Mittelturm. Fast täglich finden Führungen auf deutsch, englisch und französisch statt. Im Internet stehen hierzu ausführliche Informationen über Dauer und Kosten (www. hamburg.de/rathaus/2829156/rathausfuehrungen).

Mehrfach im Jahr ist das Rathaus und der dazugehörige Rathausmarkt Anziehungspunkt für Filmproduktionen.

Zahlreiche Touristen stolpern dann sprichwörtlich über die Absperrungen, zahlreichen Scheinwerfer, Kabel und Kameras, die schon von weitem einen Drehort signalisieren. Am Straßenrand parken mehrere Technikfahrzeuge, Wohnmobile und Lichtwagen. Das Rathaus und der Rathausmarkt sind natürlich in den beiden aktuellen Hamburger Fernsehserien **„Großstadtrevier"** und **„Notruf Hafenkante"** regelmäßig zu sehen. Aber auch in der mittlerweile eingestellten Serie **„Zwei Münchner in Hamburg"** (mit Uschi Glas, Elmar Wepper, Heinz Reincke, Johannes Heesters) diente das imposante Rathaus mehrfach als Kulisse.

Hollywood-Schauspielerin Keira Knightley kam als Fußballerin Jules in **„Kick it like Beckham"** zu einem Auswärtsspiel in die Hansestadt.

In dem Film sind unter anderem der Rathausmarkt (Perspektive vom Alsterfleet aus) und der Hochbunker am Heiligengeistfeld (Seite 30) zu sehen. In einer Szene übernachtet die Fußballmannschaft im Hotel Steigenberger in der Altstadt, das ebenfalls zu sehen ist. Der Rathausmarkt ist auch in dem Film **„Der Campus"** mit Axel Milberg, Armin Rohde, Heiner Lauterbach und Rudolf Kowalski in den Hauptrollen zu sehen.

Auch Episoden der TV-Serien **„Heimatgeschichten"** und **„Evelyn Hamanns Geschichten aus dem Leben"** wurden rund ums Hamburger Rathaus gedreht. Nur wenige Schritte vom Rathausplatz entfernt und über Hamburgs Dächern lag eine Dienststelle der Kripo, die in der ZDF-Serie **„Einsatz in Hamburg"** eine Rolle spielte. Gedreht wurde in den Jahren 2000 bis 2013 unter anderem mit Aglaia Szyszkowitz als Kommissarin Jenny Berlin und Rainer Strecker als Kommissar Volker Brehm.

*In Hamburg werden jedes Jahr etwa 120 Spielfilme, Fernsehfilme, sowie Fernsehserien gedreht. Mehrfach im Jahr entstehen rund um das Rathaus Aufnahmen.*

*Vanessa Redgrave (links) und Victorija Malektorovych beim Dreh auf dem Rathausmarkt im Februar 2008.*
*Christian Görlitz (Regisseur) gibt Anweisungen.*

Nur wenige Meter vom berühmten Fischmarkt entfernt befindet sich die „Haifischbar", eine alte Seemanskneipe im Stadtteil Altona. Durch Film, Funk und Fernsehen wurde die gemütliche Bar in der Großen Elbstraße 128 weltweit bekannt. Die „Haifischbar" ist eine maritime Gaststätte direkt am Hamburger Hafen. In den 1960er-Jahren wurde die gleichnamige Unterhaltungsshow des NDR-Fernsehens im ARD-Abendprogramm produziert. Allerdings wurde ein bisschen geschummelt: Das Fernsehstudio auf dem Gelände des Studio Hamburg (Jenfelder Allee) wurde zu diesem Zweck in die typische Kulisse der Hamburger Hafenkneipe „Haifischbar" umgestaltet. Die Moderatoren der TV-Show waren „die Wirtsleute" Hilde Sicks und Ernst Grabbe, als „Kellner" trat regelmäßig Günter Lüdke auf. Die „echte" Kneipe diente mehrfach als Kulisse für die ZDF-Krimireihe **„Stubbe – Von Fall zu Fall"** und **„Notruf Hafenkante".** Übrigens liegt gleich um die Ecke der „Schellfischposten" – eine ebenfalls kleine, gemütliche Kneipe. Regelmäßig wird in den Innenräumen das TV-Format **„Inas Nacht"** (Seite 90) mit Ina Müller produziert. Direkt vor den beiden Fenstern steht bei Aufzeichnungen der Chanty-Chor und schmettert seine Einsätze.

Auch Hamburgs Krankenhäuser bieten sich als Drehkulisse für verschiedene Produktionen an. Der Landesbetrieb Krankenhäuser (LBK) teilt mit, dass er eine Fläche von etwa 2,9 Millionen Quadratmetern und fast zahllosen Gebäuden zur Verfügung hat. Viele Flächen davon seien im Zuge der Rationalisierung verdichtet – somit stünden manche Räumlichkeiten schlicht leer, die für Film- und Fernsehproduktionen auf diese Weise genutzt werden können. Das Krankenhaus Altona beispielweise war schon in Folgen vom **„Großstadtrevier"** und **„Notruf Hafenkante"** zu sehen. Das Krankenhaus in der Paul-Ehrlich-Straße 1 in Altona bietet eine besondere Kuriosität: eine „Panoramatoilette" mit einer Fensterscheibe, die fast bis zum Boden reicht. Soe befindet sich gleich unter dem Dach in fast 75 Meter Höhe. Nichts für schwache Nerven – aber für den einen oder anderen Kameramann ein schöner Arbeitsplatz...
Um jetzt nicht jedes Krankenhaus einzelnd vorzustellen sei an dieser Stelle erwähnt, dass sowohl im Krankenhaus St. Georg, Barmbek und beispielsweise das Krankenhaus Wandsbek Filmteams zugange waren, Aufnahmen im oder vor dem Gebäude zu drehen. Ob für die beiden Serien „Großstadtrevier" und „Notruf Hafenkante", als auch für **„Bella Block"**, **„Stubbe – von Fall zu Fall"** und **„Engel der Gerechtigkeit"**.

*Für Dreharbeiten in der „Haifisch-bar" werden schon mal die Fenster mit schwarzer Folie oder schwarzem Stoff verdichtet.*

*Chiem van Houveninge (links) und Wolfgang Stumph genießen ein Bier – natürlich nur im Film für die ZDF-Serie „Stubbe – von Fall zu Fall". Das Foto entstand am 14. Juli 2005 in der „Haifischbar".*

*Die Askle-pios Klinik Altona – kurz Krankenhaus Altona – ist ein Hoch-hausgebäude gleich an der Autobahn 7 im Stadtteil Othmar-schen. Es ist bestückt mit 1.078 Betten und 31 Stati-onen.*

41

Die Polizei Hamburg unterstützt auch schon mal Dreharbeiten und stellt gelegentlich Einsatzfahrzeuge für Filmaufnahmen gegen Gebühr zu Verfügung. Dabei werden auch oftmals Kollegen als Komparsen gebraucht und stehen dann (nachdem sie sich diese Nebentätigkeit genehmigen lassen haben) als Komparse oder Kleindarsteller vor der Kamera. Es kommt aber auch vor, dass das Filmteam zur Polizei kommt und auf dem Gelände des Polizeipräsidiums dreht. Das „alte" Polizeipräsidium am Berliner Tor im Stadtteil St. Georg diente mehrfach als Kulisse für den Hamburger **„Tatort"** mit Manfred Krug und Charles Brauer. Im Jahr 2000 wurde durch den damaligen Ersten Bürgermeister Ortwin Runde das neue Polizeipräsidium auf dem Gelände der Landespolizei in Alsterdorf eröffnet. Das neue, sternenförmige Gebäude zieht seitdem immer wieder Filmschaffende an. Im November 2016 wurde im Flur der Dienststelle des Social Media Teams (Teil der Presse- und Öffentlichkeitsarbeit) und vor dem Polizeipräsidium gefilmt, wie die Hamburger Polizei auf Facebook mitteilte. Stolz verkündete das Team, dass Regisseur Fatih Akin hier einige Szenen zu seinem Film **„Aus dem Nichts"** drehte, der Ende 2017 in die Kinos kam. Selbst ein „Hollywood-Star" war dafür im Präsidium zu Gast: Die Schauspielerin Diane Kruger war so freundlich und machte sogar ein „Fotoshooting" auf dem Platz des Polizeipressesprechers Timo Zill. Fotos davon postete das Polizeiteam gleich mit.

Auch das Team vom **„Großstadtrevier"** kam mit seiner Fahrzeugflotte nach Alsterdorf gefahren, nahm mehrfach Szenen auf. Polizeipräsidium Hamburg, Bruno-Georges-Platz 1, Hamburg-Alsterdorf.

Eine weitere interessante Filmkulisse ist das Berufsgenossenschaftliche Klinikum Hamburg (BGKH). Dabei handelt es sich um ein Unfallkrankenhaus im östlichen Hamburg. Weil das Gelände großflächig ist (mit zahlreicn Parkmöglichkeiten), kommen gelegentlich Filmteams in den Bezirk Bergedorf. Ideal: dort können Filmteams Aufnahmen von Startenden oder Ankommenden Rettungshubschraubern aufnehmen. Der Film **„GOLD – Du kannst mehr als Du denkst"** wurde in Teilen am Boberger Unfallkrankenhaus produziert. Dort entstanden einige Innen- und Außenaufnahmen. Auch das Team von **„Der Dicke"** drehte auf dem Gelände, genauso wie die Filmcrew von **„Die Rettungsflieger".** Das BGKH ist eine von neun berufsgenossenschaftlichen Unfallkliniken unter dem Dach des Klinikverbundes der gesetzlichen Unfallversicherung.

Das Team der Kultserie „Großstadtrevier" machte mehrfach
Aufnahmen vor dem Polizeipräsidium. Anja Nejarri, Peter Heinrich Brix, Matthias Walter, Jan
Fedder, Tommaso Cacciapuoti,
Wilfried Dziallas, Maria Ketikidou, Till Demtrøder (von links).

Das Berufsge-
nossenschaft-
liche Klinikum
Hamburg ist
ein Unfall-
krankenhaus
im östlichen
Hamburger
Stadtteil Loh-
brügge, in der
Bergedorfer
Straße 10,
Hamburg.

Auf einem Betriebsgelände am Hammer Deich 26-34 klebten Aufkleber mit dem Schriftzug „Polizei Lübeck" an Türen und Fenstern, auch in den Fluren waren an sämtlichen Türen Namensschilder mit Bezug zur Polizei Lübeck zu sehen. An den Wänden hingen Bilder aus der Marzipanstadt, Streifenwagen der Polizei Schleswig-Holstein parkten direkt vor dem Gebäude. Eine Polizeiwache der Stadt Lübeck mitten in Hamburg? Das kann ja nicht mit rechten Dingen zugehen – doch! Seit der vierten Staffel der TV-Serie **„Heiter bis tödlich – Morden im Norden"** diente das rote Bürogebäude als Kulisse und Polizeiwache.

Sämtliche Innenaufnahmen der Polizei und Staatsanwaltschaft entstanden in dem Bürogebäude im Stadtteil Hamm. „Unser Location-Scout war auf der Suche nach geeigneten Räumen. Da fiel ihm dieser wunderschöne Altbau direkt an der Bille ins Auge. Das Gebäude könnte auch in Lübeck stehen, von daher ist es bestens für uns geeignet", sagte ein Crewmitglied der ndf: (neue deutsche Filmgesellschaft) am Set. Das Gelände liege zentral und böte viel Platz fürs Team, dem Fuhrpark und schließlich für die zahlreichen Schauspieler. Aus Kostengründen werde in Hamburg – und nicht in Lübeck, dem Handlungsort, produziert.

Das Hanseatische Oberlandesgericht am Sievekingplatz 2 ist mehrfach im Jahr Drehort für Kino- oder Fernsehfilme, sowie für TV-Serien. 2011 hingen riesige Hakenkreuz-Banner am Portal des Oberlandesgerichts, auf dem Vorplatz standen Männer in NSDAP-Uniformen stramm und grüßten militärisch. Für den Kinofilm **„Waves from Home"** wurde Hamburgs höchstes Gericht als Oberkommando der Marine hergerichtet. Der Film (Buch und Regie: Peter Dalle) spielt 1939 und handelt von einer internationalen Forschergruppe, die auf einer Polarexpedition an Bord eines Schiffes vom Beginn des Zweiten Weltkriegs überrascht wird. Aber auch Szenen für die Anwaltsserie **„Die Kanzlei"** mit Sabine Postel und Herbert Knaup in den Hauptrollen wurden im Gerichtsgebäude gedreht. Die Fassade des Oberlandesgerichts ist auch in dem Thriller **„Aus dem Nichts"** zu sehen, einem Film über die Liebe einer Frau zu ihrer Familie über den Tod hinaus. Das Oberlandesgericht war 2011 auch Drehort für Serie **„Engel der Gerechtigkeit"** (ZDF) mit Esther Schweins und Robert Atzorn in den Hauptrollen (Regie: Wolfgang Rademann). Das Gerichtsgebäude den Filmproduktionen in der Regel ausschließlich an Sonnabenden und Sonntagen zur Verfügung, damit der laufende Betrieb rund um das gesicherte Gerichtsgebäude nicht beeinträchtigt wird.

Ingo Naujoks als Polizist Lars Englen.

Das Hanseatische Oberlandesgericht ist mehrfach im Jahr Drehort für verschiedene Kino- oder Fernsehfilme, sowie TV-Serien.

Der Tierpark Hagenbeck (ehemals Hagenbecks Tierpark) ist ein Tierpark im Stadtteil Stellingen. Carl Hagenbeck eröffnete am 7. Mai 1907 den weltweit ersten Tierpark ohne Gitter am jetzigen Standort außerhalb der Stadt und gehört mittlerweile zum Hamburger Bezirk Eimsbüttel. Er wird im Volksmund zumeist nur als Hagenbeck („wir gehen zu Hagenbeck) bezeichnet. Der Tierpark ist Gastgeber und Handlungsort der NDR-**Fernsehserie „Leopard, Seebär & Co"**.

Der etwa 25 Hektar große Tierpark war Anfang der 1990er Jahre Handlungsort der Familienserie **„Unsere Hagenbecks"**, die im Hamburger Tierpark Hagenbeck spielt. Von 1991 bis 1994 wurden 38 Episoden in drei Staffeln im ZDF ausgestrahlt. Die (fiktive) Handlung der Serie dreht sich um die Familie Hagenbeck, die den gleichnamigen Tierpark in Hamburg führt. Direktor Christoph Hagenbeck (gespielt von Peter Striebeck) und seine 70-jährige Mutter Martha Hagenbeck (Tilly Lauenstein), die Seniorchefin, leiten den Zoo. Es kommt in den 38 Folgen immer wieder zu Problemen, die das Überleben des Familienunternehmens bedrohen.

Neben Tilly Lauenstein und Peter Striebeck waren Giulia Follina, Jörg Pleva, Dirk Martens, Wanja Mues, Franz Josef Steffens, Heidemarie Wenzel und Jürgen Heinrich in der Familienserie zu sehen.

Auch die Folge „Affenliebe" der Polizeiserie **„Großstadtrevier"** spielt zum Teil in Hagenbecks Tierpark. Dirk Matthies (Jan Fedder) und Katja Metz (Anja Nejarri) müssen den 17-jährigen Kai Kaminski, Anführer einer Straßengang, mit Gewalt zum Tierpark Hagenbeck bringen. Hier soll er – so das Urteil eines Jugendrichters – Sozialdienst ableisten. Aber bereits am darauf folgenden Tag meldet der Geschäftsführer des Tierparks einen Einbruch; dem „Tagesschau"-Sprecher Jo Brauner wurde bei Hagenbeck die Brieftasche gestohlen. In der folgenden Nacht wird der Käfig der Orang-Utans geöffnet, so dass mehrere Tiere ausbrechen können. Hat Kai mit seiner Gang dabei seine Finger im Spiel? Während Dirk und Katja im Tierpark ermitteln, stapeln sich auf Lothar Krügers Schreibtisch wieder Aktenberge. Aber dieses Mal trifft Lothar keine Schuld. Dreharbeiten fanden auf dem Gelände des Tierpark Hagenbeck auch für die Kinderserie **„Ein Fall für TKKG"** statt. So war beispielsweise der Tierpark für die Folge „Bestien in der Finsternis" Drehkulisse. Als TKKG-Bande lösen die vier Jugendlichen (Tarzan/Tim, Karl, Klößchen, Gaby) Kriminalfälle. Unterstützt werden sie dabei von Gabys Hund Oskar und ihrem Vater, dem Kriminalkommissar Emil Glockner.

Auch der Film **„Skandal um Dr. Vlimmen"** entstand zum Teil dort.

Der ehemalige Haupteingang im Tierpark Hagenbeck. Dieses Bild zeigt ein Baudenkmal.

47

Sie gehört zu den beliebtesten Vorabendserien im deutschen Fernsehen: Das **„Großstadtrevier"**. Die Beamten des 14. Reviers beziehungsweise des 14. Kommissariats liegen in der Publikumsgunst ganz oben. Am 9. Februar 2005 wurde das „Großstadtrevier" mit der begehrten Golden Kamera in der Kategorie Publikumspreis ausgezeichnet. Hauptdarsteller Jan Fedder widmete den Preis dem geistigen Vater (Erfinder und Regisseur der ersten Folgen) der Serie, Jürgen Roland. Das Erfolgsrezept: Die Beamten lösen die Fälle mit viel Witz, Charme und Know How. In den bislang 420 ausgestrahlten Folgen gab es, anders als in den meisten Kriserien, kaum blutüberströmte Leichen und wilde Schießereien. Vielmehr geht es um Alltagsprobleme der „kleinen" Leute. Mit List und Tücke werden Geiselnehmer, Bankräuber oder Diebe überführt – ohne dass wild um sich geschossen wird. Die Waffe wird zwar schon mal gezückt, geschossen wird aber selten. Und genau das macht diese Polizeiserie aus. Auch Hamburg-Fans kommen auf ihre Kosten. Die Serie wird immer an Originalschauplätzen in der Hansestadt und Umgebung gedreht. Beliebte Motive sind natürlich der Kiez (die Reeperbahn und ihre vielen Nebenstraßen), der berüchtigte Hamburger Hafen und diverse Motive in der Innenstadt. Das 14. Kommissariat ist im Realen ein altes Fabrikgebäude, das auch für andere Produktionen genutzt wird. Zu finden ist das Gebäude in der Mendelssohnstraße 13 im Stadtteil Bahrenfeld. Die Innenräume sind wie eine „echte Wache" ausgestattet: mit Gefangenenzelle, Wartezone, mehreren Einzel- und einem Großraumbüro. Auch Innenaufnahmen der „Tatorte" mit Handlungsort Hamburg wurden dort gedreht.

*Mendelssohnstraße 13: dort befindet sich das Polizeikommissariat 14 aus der TV-Serie „Großstadtrevier".*

*Auf dem Foto links sitzen die Hauptdarsteller der TV-Serie „Großstadt-revier" auf einer Kiste. Das Foto rechts zeigt Peter Heinrich Brix, So-phie Moser, Till Demtrøder, Maria Ketikidou, Jan Fedder, Anja Nejarri und Sebastian Hölz (von links nach rechts) in der Mendelssohnstraße.*

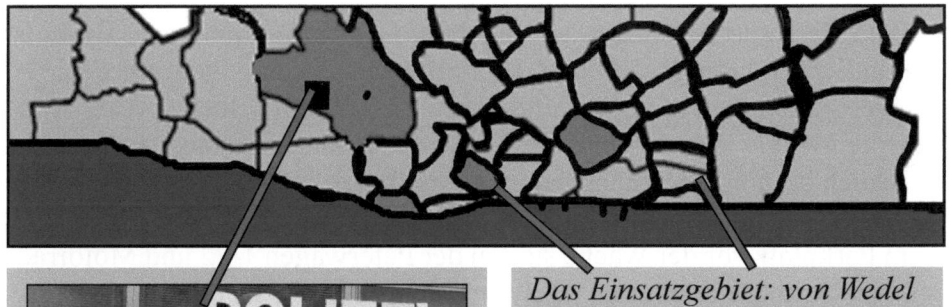

*Das 14. Revier (ab Staffel 23 Kommissariat 14) ist in der Men-delssohnstraße 13 im Hamburger Stadtteil Bahrenfeld. In dem alten Fabrikgebäude entstehen überwie-gend die Innenaufnahmen.*

*Das Einsatzgebiet: von Wedel über Altona bis hin zur Hafen-City. Oftmals haben die Poli-zisten Einsätze in Elbnähe. Ob illegales Feuer am Elbstrand, ein Banküberfall, Straßenraub oder Autodiebstahl auf dem Hamburger Kiez. Auch der Hamburger Hafen mit Elbe ist in vielen Folgen zu sehen...Wiederkehrende Drehorte sind die Speicher-stadt, Landungsbrücken, Hafengebiete wie Veddel, Finkenwerder, Straßenzüge auf St. Pauli, sowie Hamburgs Tierpark (Seite 46).*

Bevor das Filmteam allerdings die Räumlichkeiten in der Mendelssohn-straße nutzte, galt das damalige „echte" 12. Polizeirevier als Filmkulisse: die Polizeistation 12 am Klingberg.

Die Außenaufnahmen wurden direkt auf dem Vorplatz in der Straße Klingberg (zwischen Burchardplatz und Messberg) produziert. In der Serie ist dieses Gebäude das 14. Revier, in dem Revierleiter Rolf Bogner mit seinem Team für Recht und Ordnung sorgt. Das Gebäude ist in vielen älteren Folgen von außen zu sehen, Streifenwagen parken direkt vor dem Eingang (dort, wo der weiße PKW steht).

Das alte Polizeikommissariat 12 am Klingberg diente aber nicht nur für die Polizeiserie „Großstadtrevier" als Kulisse, sondern auch Szenen für die Serie **„Stubbe – Von Fall zu Fall"** und **„Adelheid und ihre Mörder"** wurden in der Neustadt produziert. Meist sind es kurze Einstellungen, wo ein Schauspieler einfach in oder aus einem Streifenwagen steigt. Oder in der Serie oder Reihe wird einfach der Schriftzug „Polizei" gezeigt, der an diesem Gebäude besonders dominant ist. Das sind so genannte E-Shots, die im Schnitt beim Bearbeiten des Filmmaterials eingebaut werden.

Wieder zurück zum „Großstadtrevier": Unverwechselbar und als Wiedererkennungsmerkmal schlecht hin ist die grüne Eingangstür, durch die so manch berühmter Schauspieler geht und in der Serie zum Teil mit sehr kuriosen Angelegenheiten mit den Beamten zusammentrifft.

Vom Parkplatz vor der Wache starten der Peterwagen 14/2 und Motorrad-polizist Neithard Köhler zu ihren Streifentouren auf Hamburgs Straßen.

Seit Anfang der 1990er Jahre ist als Hauptmotiv „Revier 14" beziehungsweise in späteren Folgen „Polizeikommissariat 14" ein Bürogebäude in der Mendelssohnstraße 13 (wie auf Seite 48 erwähnt). In der Realität ist es ein Gebäude, welches von Studio Hamburg Produktion für diverse Filme als Kulisse verwendet wurde (unter anderem für den **„Tatort"** oder **„Adelheid und ihre Mörder"**).

Wenn das Team Außenaufnahmen fürs „Großstadtrevier" vom Gebäude macht, werden Streifenwagen auf dem Parkplatz drapiert und der Schrift-zug „Polizei" über den Eingangsbereich angebracht. Ein extra angefertig-ter Info-Kasten wird ebenfalls im Eingang des 14. Reviers befestigt. Aber auch in neueren Folgen des „Großstadtreviers" taucht das „alte Revier 14" am Klinberg hin und wieder auf. Wenn beispielsweise Dirk Matthies einen alten Kollegen besucht, der auf einer anderen Wache seinen Dienst schiebt. Dann ist dieser Kollege, wie der Zufall es will, in diesem Gebäu-de untergebracht.

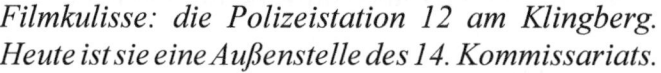

*Filmkulisse: die Polizeistation 12 am Klingberg. Heute ist sie eine Außenstelle des 14. Kommissariats.*

Jan Fedder als Polizist Dirk Matthies im 14. Revier.

Auch die Beamten der Kripo verrichten in dem Gebäude am Klingberg ihren Dienst. Selbst Kriminalrat Iversen geht ab und an durch die grüne Tür.

Die Wohnung von Polizist Dirk Matthies befindet sich in einem gelben Backsteinhaus in der Großen Elbstraße/Ecke Sandberg. In mehreren Folgen des „Großstadtreviers" sitzt Dirk Matthies am Fenster seiner Wohnung und blickt auf die Elbe. Das Gebäude (etwa Staffel 13 bis 23) befindet sich in der Nähe des Hamburger Fischmarktes. Mit Blick auf den Hamburger Hafen kann Dirk Matthies nach getaner Arbeit abschalten und den schönen Ausblick genießen. Die Kollegen verstehen sich auch privat sehr gut – so kann es auch schon mal zu unerwartetem Besuch kommen.

Die „echten" Bewohner dieses Backsteinhauses dürften jetzt allerdings weniger die schöne Aussicht genießen können. Grund: die gegenüberliegende freie Fläche wurde zwischenzeitlich bebaut und versperrt den schönen Blick auf die Elbe. Apropos Elbe: das neue Zuhause ab Staffel 29 ist das ehemalige Feuerlöschboot „Repsold". Das wurde 1941 gebaut und nach britischer Kriegsbeute (1945) im Jahr 1948 im Rahmen der Rückführung an die Hamburger Feuerwehr übergeben. Der Schiffsname lautete zunächst "Feuerlöschboot IX", bis nach Zustimmung des Hamburgischen Senats im Jahr 1965 die Ziffern aller Löschboote in der Hansestadt in Namen umgewandelt wurden. Ab 1965 hieß das Schiff „Oberspritzenmeister Repsold" (nach Johann Georg Repsold, dem Gründer der Hamburger Berufsfeuerwehr, benant). Es wurde 1984 ausgemustert, aber danach weiterhin als Pumpschiff eingesetzt.

Es wurde kurze Zeit später an eine Privatperson verkauft und hatte temporär den Schiffsnamen „Pirat". Im Jahr 1987 erwarb die Eignergemeinschaft Feuerlöschboot das Schiff. Die Gemeinschaft baute es für ihre Zwecke um – unter anderem wurde eine Achterkajüte aufgebaut. Die Eignergemeinschaft Feuerlöschboot legt nach eigenen Angaben großen Wert darauf, alle Details, die das ehemalige Feuerlöschboot erkennen lassen, zu erhalten. Nach dem Umbau und einem weiteren Werftaufenthalt, wo das Schiff seine jetzige Farbgebung erhielt, wurde es am 22. 10. 1988 in einem fröhlichen Taufakt wieder auf seinen alten Namen – allerdings ohne den Zusatz "Oberspritzenmeister" – „Repsold" getauft. So schreibt es die Gemeinschaft auf ihrer Homepage www.repsold.net.

Heute ist die Repsold eines der Traditionsschiffe im Hamburger Hafen.

*Dieses gelbe Backsteinhaus in der Großen Elbstraße/ Ecke Sandberg diente in mehreren Folgen der Polizeiserie „Großstadtrevier" als Filmkulisse.*

*Die Fotos unten zeigen das ehemalige Feuerlöschboot „Repsold", welches ab Staffel 29 als neues Zuhause von Dirk Matthies diente. Es liegt meistens im Sandtorhafen in der HafenCity an.*

Wer den Eppendorfer Weg im Stadtteil Hoheluft-West entlang läuft, stößt auf eine Grill-Station mit einem auffälligen, roten Schriftzug. Vielen dürfte dieser Grill-Imbiss aus dem Fernsehen bekannt vorkommen: Dort treibt der arbeitslose Alltagsphilosoph **„Dittsche"** (verkörpert von Olli Dittrich) regelmäßig sein Unwesen. Diese gemütliche Grill-Station im Eppendorfer Weg 172 genießt seit vielen Jahren einen besonderen Status, denn für mehrere Folgen rückt sonntags ein Mann im Bademantel an, der zur Begrüßung „Mahlzeit" in die Runde sagt und sich eine halbe Stunde mit dem Imbisswirt Ingo (Jon Fleming Olsen) unterhält. Neben Dittsche und Ingo gibt es noch einen weiteren Protagonisten: Der 44 Jahre alte Jens ist gelernter Elektriker und hilft Ingo gerne bei kleineren elektrischen Arbeiten im Imbiss und hört sich geduldig die Erzählungen des Schumiletten-Trägers Dittsche an. Die Folgen werden teils im WDR-, teils im NDR-Fernsehen ausgestrahlt. Die Dittsche-typische Aufbereitung der tages- und wochenaktuellen Themen steht im Mittelpunkt der LIVE-Improvisation aus der Eppendorfer Grill-Station. Olli Dittrich: „In der Muggelbude – und nur hier – wird das wirklich wahre Leben von unten nach oben betrachtet – nicht umgekehrt." Übrigens: Wer durch den Eppendorfer Weg flaniert und dort nicht gerade auf das Filmteam trifft, sieht als Beleg für die TV-Serie vor dem Imbiss eine Sitzbank, auf der die Umrisse von Dittsche markiert sind.

Wer sich die Anwaltskanzlei der beiden Partner Isa von Brede (Sabine Postel) und Markus Gellert (Herbert Knaup) der TV-Serie **„Die Kanzlei"** anschauen möchte, sollte aufmerksam durch die Kaiser-Wilhelm-Straße fahren oder gehen. In dem Gebäude mit der Hausnummer 115 werden seit 2016 die Innenaufnahmen der Kanzlei produziert. In dem Büro (ehemalige Geschäftsräume) in direkter Nähe zu den Hamburger Gerichten und der gegenüberliegenden Staatsanwaltschaft streiten die beiden Anwaltspartner Isa von Brede und Markus Gellert für das Recht ihrer oft einfachen Klienten und loten dabei immer wieder die Grenzen des Gesetzes aus. Von Brede, die Kämpferin mit den vielen kleinen Marotten, und Gellert, der Spieler mit der großen Eloquenz, nehmen es mit dem Recht mitunter nicht ganz so genau, wenn es darum geht, das Richtige für ihre Mandanten zu tun. Auf unterhaltsame Weise verhandelt „Die Kanzlei" neben den brisanten, aktuellen und teils skurrilen Fällen auch immer die moralische Frage: Wie verhalten wir uns richtig?

*Kaiser-Wilhelm-Straße 115: Hier ist die Anwaltskanzlei zu finden. An der Tür ist der Schriftzug „Kanzlei Brede & Gellert" zu lesen.*

Der Vorläufer der TV-Serie „Die Kanzlei" (Seite 54) war die Anwaltsserie **„Der Dicke"** (Erstausstrahlung: 5.4.2005). Die Hauptrolle spielte der Schauspieler Dieter Pfaff, der während der Dreharbeiten zur fünften Staffel am 5. März 2013 an Lungenkrebs verstarb. Pfaff verkörperte den Rechtsanwalt Gregor Ehrenberg, der stets nur ein Ziel hatte: ein möglichst erfolgreicher Anwalt zu sein. Mit Mitte 50 besinnt er sich aber darauf, was ihn ursprünglich dazu veranlasst hatte, Anwalt zu werden: Er wollte den Menschen helfen. Und so steigt er aus seiner ursprünglichen Kanzlei aus, lässt mehrere finanzielle Schwergewichte sausen und zieht nach Hamburg-Altona, um sich für die Sorgen und Nöte vor Ort einzusetzen. Im zur Seite stehen seine Assistentin Yasmin Ülküm (Sophia Dal) und Gudrun Kowalski (Katrin Pollitt), sowie Anwaltskollegin Isabel von Brede. In den ersten Staffeln diente ein Gebäude an der Ecke Eimsbütteler Chaussee / Eppendorfer Weg als Kulisse und Drehort der Kanzlei.

Nach dem Tod des Schauspielers Dieter Pfaff übernahm Herbert Knaub als Anwalt Markus Gellert die Rolle. Als Drehkulisse dienten anfangs Räume in einem Gebäude in der Leverkusenstraße 23. Der Name der gemeinsamen Kanzlei von Gregor Ehrenberg und Isabel von Brede blieb zunächst bestehen, wie auf dem Schild im Eingangsbereich der Anwaltskanzlei zu sehen ist. In der ersten Folge nach dem Tod von Pfaff gilt Rechtsanwalt Gregor Ehrenberg als verschwunden. Irgendwann kommt dann die Nachricht, dass ihm etwas Schreckliches passiert ist. Seitdem ist Rechtsanwalt Markus Gellert als Hauptprotagonist und Nachfolger in der Serie zu erleben. Die neue Kanzlei ist in der Kaiser-Wilhelm-Straße 15.

**„Die Wache Hamburg"** (RTL II) zeigt den spannenden und lebensnahen Alltag von Polizisten auf einem Hamburger Polizeikommissariat. Der Fernsehzuschauer kann Polizisten auf ihren Einsätzen auf Streife in Hamburg und erleben und bekommt anhand nachgestellter Fälle mit, wie rasant die Arbeit der Polizei sein kann. Zuschauer bekommen Einblicke in den spannenden und abwechslungsreichen Berufsalltag von elf Polizisten der „Wache Hamburg" und erleben von der ersten Minute an den Polizeieinsatz und die Ermittlungsarbeiten. Die Serie zeigt aber auch die Menschen, die diese Geschichten täglich erleben. Starke Charaktere, die sehr unterschiedliche Hintergründe und Herangehensweisen haben. „Die Wache Hamburg" ist eine faszinierende Sendereihe, die lebensnah den Alltag einer Polizeiwache in Hamburg porträtiert.

In diesem Gebäude in der Leverkusenstraße im Stadtteil Bahrenfeld wurden
einige Folgen von „Der Dicke" beziehungsweise „Die Kanzlei" produziert.
Das Foto rechts zeigt Dieter Pfaff mit
Sophie Dal und Sabine Postel (rechts) in
der Eimsbütteler Chaussee.

Das fiktive Polizei-
kommissariat 18 ist
in einem Hinterhof in
Höhe der Straße Hol-
stenkamp 42 in 22525
Hamburg-Bahrenfeld.
Für die Sendereihe
wurde eine Polizeiwa-
che nachgebaut.      57

Der Stadtteil St. Pauli diente und dient immer wieder als Filmkulisse, wie bereits erwähnt. Gerade die kleinen Seitenstraßen abseits der großen Reeperbahn bieten mit ihren kleinen Geschäften, Kneipen und urigen Gebäuden immer wieder Möglichkeiten, Hamburg in Szene zu setzen. Der Film **„A Most Wanted Man"** beispielsweise wurde auf St. Pauli gedreht. An der Seite von Philip Seymour Hoffmann, der kurz nach der Premiere des Spionage-Thrillers am 2. Februar 2014 verstarb, spielt Rachel McAdams in dem Film eine junge Juristin, welche einem illegal nach Deutschland eingereisten muslimischen Tschetschenen ihre Hilfe anbietet. Nach und nach kristallisiert sich heraus, dass es um mehr geht als um Issa Karpov, den illegalen Einwanderer – ein Drama über die Großstadt als Zufluchtsort und Geburtsstätte für Terrorismus. Hamburg diente mit seinem internationalen Hafen als Kulisse. Unter anderem wurde in der Kultkneipe „Zum Silbersack" (zwei Drehtage war das Filmteam vor Ort), in der U-Bahn, in der Bar „20up" im 20. Stockwerk des Empire Riverside Hotels, in der Kultkneipe „Zur Ritze", an der Alster und selbstverständlich am Hafen gedreht. Insgesamt 42 Tage lang wurde mit internationaler Besetzung in der Hansestadt gedreht. Die Kultkneipe an der Straßenecke Silbersackstraße / Quellstraße diente aber auch fürs **„Großstadtrevier"** als Kulisse. In dem Weihnachtsspezial „Der Weihnachtsmuffel" kommt die Kneipe mehrfach zur Geltung.

Noch immer steht nicht fest, ob einer der bekanntesten Hamburger Drehorte, die **„Soul Kitchen"**-Halle, erhalten bleibt oder abgerissen wird. Die mit Graffiti bemalte Halle liegt im Reiherstiegviertel im Stadtteil Wilhelmsburg. Die 2009 unter der Regie von Fatih Akin entstandene, gleichnamige Komödie handelt von einem durch Gentrifizierung bedrohten Lokal, seinem Besitzer Zino (Adam Bousdoukos) und dessen Liebe zur Soul Musik. Hauptsächlich wurde in der Wilhelmsburger Fabrikhalle gedreht, in welcher das Restaurant eigens für die Dreharbeiten nachgebaut wurde. Die Filmkomödie „Soul Kitchen" ist gleichzeitig eine Liebeserklärung des Regisseurs Fatih Akin an die Stadt Hamburg, wie er einem Interview betonte. Seit dem 18. Juni 2010 fanden in der Halle vielfältige Kulturveranstaltungen und Ausstellungen statt. Das Gebäude hat sich zeitweise zu einem kulturellen Treffpunkt gemausert. Aktuell ist sie stark renovierungsbedürftig und wurde daher aus Sicherheitsgründen am 31. August 2012 von der zuständigen Behörde gesperrt.

*Die Kultkneipe „Zum Silbersack" diente mehrfach als Kulisse. Zu finden ist die kleine Eckkneipe in der Straße Silbersackstraße Ecke Querstraße.*

*Das Gebäude aus dem Film „Soul Kitchen" ist zu finden in der Industriestraße 101 im Stadtteil Wilhelmsburg. Das Gelände ist umzäunt.*

Jimi Blue und ein **„Sommer"** zum Verlieben handelt vom 15 Jahre alte Tim, der von seiner Heimatstadt Berlin auf die kleine Nordseeinsel Amrum zieht. Dort warten ungeahnte Herausforderungen auf ihn: Liebe, Eifersucht und wahre Freundschaft. Jimi Blue Ochsenknecht spielt den Helden der Teenager-Komödie „Sommer", die im Jahr 2008 gedreht wurde. Auf der Nordseeinsel wohnt seine seine Oma. Er verliebt sich prompt in ein Mädchen, das auf die Isnelschule geht.

Ebendiese Schule befindet sich allerdings nicht auf der nordfriesischen Insel, sondern ist im Hamburger Stadtteil Eimsbüttel zu finden: am Kaiser-Friedrich-Ufer. Es handelt sich um das gleichnamige Kaiser-Friedrich-Gymnasium. Die Komödie „Sommer" spielt zwar inhaltlich auf Amrum, die meiste Zeit allerdings wurde in Hamburg, Berlin und auf Malta produziert. „Beim Dreh in Hamburg gab es Fans von Jimi Blue Ochsenknecht, die sogar geschrien haben", sagte Regisseur Mike Marzuk in einem Zeitungsinterview.

Das Gymnsasium in Eimsbüttel ist aber längst nicht nur aus „Sommer" bekannt. In den 1960er Jahren entstanden auf dem Pausenhof und im Gebäude selbst Aufnahmen für den Lümmelfilm **„Zur Hölle mit den Paukern"**. Bis auf die eigentlichen Klassenräume und einige Szenen in einem nachgebauten Gang entstanden alle Schulaufnahmen an dieser Schule, die mit ihrem markanten Baustil bereits des öfteren als Kulisse für verschiedene Filmproduktionen diente. Unter anderem war das Gebäude des Kaiser-Friedrich-Gymnasium in einigen Episoden der **„Schulermittler"** (RTL) und der mit dem Grimme-Preis ausgezeichnete TV-Spielfilm **„Homevideo"** zu sehen.

Eine der beliebtesten Kinderserien im deutschen Fernsehen sind die **„Pfefferkörner"**. In mehreren Generation liegen die jeweils vier „Pfefferkörner" auf der Lauer und jagen in der Speicherstadt, einem historischen Stadtteil von Hamburg, Gauner und Verbrecher (wie es im Vorspann der Serie heißt). „…wir sind da wo keiner sucht, wir schlagen die Ganoven in die Flucht!" Das so genannte Hauptquartier der Pfefferkörner (ein Dachboden auf einem der vielen Speicher) befindet sich in der Straße Dienerreihe 4. In vielen Episoden ist das Wasserschloss, welches in der Realität als Teeladen / Teekontor fungiert, in der Außenansicht des Hauptquartiers zu sehen. Es gehört zu dem meistfotografierten Gebäude in der historischen Speicherstadt.

*Markanter Baustil: das Kaiser-Friedrich-Gymnasium in Eimsbüttel diente schon mehrfach als Filmkulisse. Anschrift: Kaiser-Friedrich-Ufer 6 in Hamburg.*

*Das Wasserschloss in der Speicherstadt ist als „Hauptquartier" als Außenansicht in der Kinderserie „Pfefferkörner" zu sehen.*

Die Speicherstadt ist in jeder Episode (bislang 182) der Dreh- und Angelpunkt der Kinderkrimiserie **„Die Pfefferkörner"**. Die wechselnden Ermittler sind alle zwischen sieben und zwölf Jahre alt und lösen Fälle beispielsweise aus den Kategorien Cyber Mobbing, Diebstähle, Betrug und Hehlerei. Die Folgen handeln von Gerechtigkeit, Freundschaft und der ersten Liebe. Das Hauptquartier der Pfefferkörner ist in der Serie das Gewürzlager Overbeck & Consorten sowie der Teekontor Krogmann. Sämtliche Innenaufnahmen werden allerdings in einem leerstehenden Speicher im Brooktorkai gedreht. Dort ist für das Filmteam und den Darstellern einfach mehr Platz. Im Gebäude am Brooktorkai 15 liegt seit der neunten Staffel das Hauptquartier. Zwischenzeitlich wurde auch das Filmset des Teekontors hierher verlegt, um Zeit und Kosten bei den Dreharbeiten zu sparen. Der Dachboden des alten Speichergebäudes dient als Ermittlungszentrale der Pfefferkörner. Hier recherchieren die jungen Ermittler an ihren Computern, treffen sich zu gemeinsamen Hausaufgaben oder arrangieren dort auch schon mal das erste Date.

Das Foto auf Seite 63 zeigt die Hauptdarsteller (von links: Luke Matt Röntgen, Emilia Flint, Marleen Quentin, Ruben Storck) bei Dreharbeiten im Jahr 2016 am Brooktorkai. Rechts steht der Regisseur Christian Theede.

Auf dem Gelände des ehemaligen Ebenezer-Krankenhauses in der Friedrichsberger Straße 53 waren 2012 seltsame Schilder angebracht. Ein knapp zwei Meter langes und eineinhalb Meter hohes blaues Schild mit weißem Schriftzug „Polizei" war im Eingangsbereich positioniert, ein Streifenwagen der Polizei Schleswig-Holstein parkte direkt vor dem Gebäude. Zudem hingen zwei für Hamburg merkwürdige Schilder mit der Aufschrift „Staatsanwaltschaft Lübeck" und „Polizei Lübeck" an der Tür. Grund: dort wurden Folgen für die TV-Serie „**Heiter bis tödlich – Morden im Norden"** in Eilbek produziert. Sämtliche Innenaufnahmen der Polizei und Staatsanwaltschaft entstanden in dem alten Klinikgebäude mit dem Kapellenanbau und dem an die Straße vorgezogenen Ärzte-Wohnbau. „Unser Location-Scout war auf der Suche nach geeigneten Räumen. Da fiel ihm dieser wunderschöne Altbau direkt ins Auge", sagte ein Crewmitglied der ndf: (neue deutsche Filmgesellschaft) am Set. Das alte Krankenhaus liege zentral und böte viel Platz fürs Team, dem Fuhrpark und schließlich für die zahlreichen Schauspieler.

*Das Haus Brooktorkai 15 von der Straßenseite aus (Foto oben links). Produktionsfahrzeuge stehen davor. Das Foto oben rechts zeigt das Gebäude von der Wasserseite aus.*

*Die Schauspieler Tessa Mittelstaedt, Sven Martinek und Marie-Luise Schramm (von links) sind die Hauptdarsteller von „Heiter bis tödlich – Morden im Norden. Die Polizeistation Lübeck ist in Wirklichkeit in Hamburg-Eilbek.*

63

Der „Biohof Eggers" im Stadtteil Kirchwerder (Bezirk Bergedorf) wurde im Oktober 2016 zum Film-Set umgebaut. Gedreht wurden mehrere Tage für den **"Tatort"** mit dem Episodentitel „Böser Boden". Der Fernsehfilm spielt zwar im Landkreis Rotenburg an der Wümme (Niedersachsen), ein großer Teil wurde aber in Hamburg produziert. Unter anderem auf dem Bauernhof im Kirchwerder Mühlendamm 5 in Hamburg – dazu wurde das auf dem Hof befindliche Café filmgerecht eingerichtet. Der Biohof befindet sich nur wenige Kilometer vom geschäftigen Treiben der Hamburger Innenstadt entfernt und liegt inmitten einer einzigartigen Naturlandschaft. Seit vielen Jahrhunderten liegt der Bauernhof in den malerischen Vier- und Marschlanden im Osten Hamburgs. Genau deshalb ist der Hof Kulisse für die Filmarbeiten: der Drehort ist schnell zu erreichen und liegt doch in reiner Natur.

Das Filmteam vom „Tatort" war aber nicht das einzige, welches auf dem Bauernhof Staion gemacht hat. Auch für die TV-Serie **„Der Tatortreiniger"** wurde das Hofcafé umgekrempelt und als Kulisse gebraucht. In den Folgen „Der Tatortreiniger" wird „Schotty" (Heiko Schotte, gespielt von Bjarne Mädel) stets mit ebenso verstörenden wie komischen Erfahrungen konfrontiert. „Schotty" beseitigt die grässlichen Folgen grässlicher Taten – und lotet dabei die Untiefen des Alltags aus. „Der Tatortreiniger" ist eine Comedy-Produktion der Letterbox Filmproduktion im Auftrag des NDR.

Auch die Markthalle Hamburg (ein Gebäudekomplex am Klosterwall im Stadtteil Hammerbrook) in der Nähe des Hauptbahnhofes diente in Fernsehserien als Drehort. Sie besteht aus dem Kultur- und Veranstaltungszentrum Markthalle sowie aus Einrichtungen der Kunstmeile und ist unter anderem Sitz des Hamburger Kunstvereins. Innenaufnahmen entstanden in dem Gebäude, das 1913 von Fritz Schumacher erbaut wurde, unter anderem für die Comedy-Fernsehserie **„Der Tatortreiniger"**. Für die Episode „Harte Kerle" der Fernsehserie **„Stubbe von Fall zu Fall"** mit Wolfgang Stumph in der Hauptrolle wurde die Markthalle in einen Boxkeller umgebaut. Die Markthalle (auf dem Foto rechts) wurde übrigens 1913 als Blumen- und Gemüsehalle des Großmarktes Hamburg erbaut. Der Großmarkt wurde jedoch sukzessive in Neubauten verlagert: 1962 erfolgte die Eröffnung der neuen Großmarkthalle am jetzigen Standort, etwa 500 Meter entfernt.

*Die beiden „Tatort"-Ermittler Franziska Weisz und Wotan Wilke Möhring auf dem Hof Eggers in Kirchwerder. Links: Schauspieler Bjarne Mädel (Tatortreiniger „Schotty") war auch schon auf dem Hof Eggers aktiv. Rechts: der Dienstwagen von „Schotty".*

Die um 1910 erbaute Sternwarte in der August-Bebel-Straße 196 im Stadtteil Bergedorf ist ein kulturhistorisch bedeutsames Ensemble von internationalem Rang aus denkmalgeschützten Gebäuden und einem Bestand an wertvollen Teleskopen. Seit 1996 ist die gesamte Sternwarte unter Denkmalschutz gestellt und seitdem veranstaltet der Förderverein Hamburger Sternwarte zusammen mit Amateurastronomen auf dem gelände Vorträge, Führungen und Ausstellungen. Regelmäßig gibt es künstlerische, kulinarische und musikalische Angeboten und Interessierte können natürlich auch einen Blick durchs Fernrohr wagen. Das einzigartige Kulturdenkmal diente aber auch schon als Kulisse. Das Produktionsteam von **„Honig im Kopf"** mit Dieter Hallervorden und Til Schweiger mit Tochter Emma in den Hauptrollen machte auf dem Gelände der Sternwarte Halt. Die Bibliothek im Hauptgebäude der Sternwarte Hamburg-Bergedorf fungierte im Film als Sprechzimmer von Dr. Holst. Der Raum erstreckt sich über zwei Etagen, die umlaufende Empore ist über eine schmale Wendeltreppe in einer Ecke erreichbar. Die Bibliothek diente auch als Kulisse für die ZDF-Reihe **„Bella Block"** mit Hannelore Hoger in der Hauptrolle. 2006 wurden hier einige Szenen gedreht. Gedreht wurde auch eine Episode des Film **„Der Augenzeuge 1956/28"**. Zu sehen waren Nahaufnahmen vom Kuppelgebäude mit 1-Meter-Spiegelteleskop, die aufgehende Kuppel und ein 26 Tonnen schweres Spiegelteleskop. „Das Teleskop ist das größte seiner Art in Europa und Ergebnis enger Zusammenarbeit der Wissenschaftler aus Jena und Hamburg." wurde in dem Film kommentiert. Ausführliche Informationen über die Sternwarte und aktuelle Veranstaltungen finden Sie unter www.sternwarte-hh.de.

In der Folge „Angst in der 9a" der Kinderserie **„Ein Fall für TKKG"** wird das Fahrrad von Tim (gespielt von Fabian Harloff) gestohlen. Der Täter: „King", ein stadtbekannter Rocker, dessen Vater Otto Seibold einen dubiosen Gebrauchtwagenhandel betreibt. Das Fahrrad selbst wird in einer Geschäfts- und Einkaufszeile am Berliner Platz gestohlen (mehr dazu auf Seite 68). Der „Gebrauchtwagenhandel Otto Seibold" ist in der Straße Hüllenkamp 93 zu finden. Für die Dreharbeiten wurde extra mit schwarzer Farbe der Names-Schriftzug an dem Gebäude geschrieben, auf dem Hof alte Autoreifen und Autoteile aufgestellt. Damals hatte das Gebäude einen weißen Anstrich, heute ist es eine leerstehende kleine Werkstatthalle mit gelber Fassade. Auf dem Gelände stand in den 1980er Jahren ein Holzschuppen, in dem das geklaute Fahrrad von Tim stand.

Das Ensemble der neobarocken Kuppelbauten der Hamburger Sternwarte in Bergedorf dient gelegentlich als Filmkulisse.

Hannelore Hoger ermittelte 2006 in der Sternwarte Bergedorf.

Nicht viel erinnert an die Dreharbeiten in den 1980er Jahren. Das große Tor, die (heute blaue) Tür und das rechts befindliche Fenster sind wiederzuerkennen.

Eine kleine Eis-Diele in der Rahlstedter Bahnhofstraße 32 im Stadtteil Rahlstedt diente in den 1980er Jahren als Filmkulisse für die Kinderserie **„Ein Fall für TKKG"**. TKKG ist ein Akronym und steht für die Protagonisten Tim (in einigen Folgen auch Tarzan genannt), Karl, Klößchen und Gaby. Als TKKG-Bande lösen die vier Jugendlichen Kriminalfälle. Unterstützt werden sie dabei von Gabys Hund Oskar und ihrem Vater, dem Kriminalkommissar Emil Glockner (Edgar Bessen).

In der Episode „Die Jagd nach den Millionendieben" sitzen die Protagonisten Tim (Fabian Harloff) und Gaby (Jessica Gast) im Außenbereich des Eis-Ladens und warten auf Karl (Christian Pfaff). Leider verspätet er sich. Beide unterhalten sich an einem runden Tisch und genießen jeweils ein Eis mit mehreren Kugeln und einer Waffel oben drauf. Ein weißer Lieferwagen mit der Aufschrift „Eddi`s Eisbar" samt Telefonnummer fährt weg – da kommt Karl mit seinem Fahrrad angefahren. Im Hintergrund ist das Straßenschild „Merowingerweg" an der Ecke „Rahlstedter Bahnhofstraße zu erkennen. In der Serie unterhalten sich die drei Protagonisten über das gestohlene Fahrrad von Klößchen (Kai Maahs). Ja, diesmal wird das Fahrrad von Klößchen gestohlen, taucht aber relativ schnell wieder auf.

Apropos Klößchen. Er heißt in der Serie mit bürgerlichem Namen Willi Sauerlich und ist der Sohn von Hermann Sauerlich, einem reichen Hersteller von Schokolade. Äußerlich ähnelt er seinem Sohn – er hat dasselbe Gesicht und dieselbe Figur. Er ist ebenso wie Willi ein großer Freund von gutem, reichlichen und gehaltvollen Essen, wobei er allerdings weniger zu Süßem greift, sondern deftiges wie etwa Schweinebraten mit Klößen bevorzugt. Sauerlich-Schokolade ist eine eingeführte Marke, die für Qualität steht. Außerdem hat Herrmann Sauerlich in der Stadt ein Schokoladenmuseum eröffnet, in dem Besucher Lehrreiches und Interessantes über Schokolade und Schokoladenherstellung vermittelt bekommen. Familie Sauerlich wohnt in einer großen Villa, die in einigen Folgen mehrfach zu sehen ist. In der Realität steht die Villa in der Oldenfelder Straße im Stadtteil Oldenfelde.

Der Berliner Platz in Jenfeld diente ebenfalls als Drehort für die Serie „Ein Fall für TKKG". In der Ladenzeile gehen Gaby und Tim einkaufen, während das Fahrradschloss von Tim in der Folge „Angst in der 9a" von „King" Seibold geknackt und schließlich das Rad gestohlen wird. Auch die **„Rettungsflieger"** drehten am Berliner Platz, genauso wie das Team von **„Adelheid und ihre Mörder"**.

Der Eis-Laden an der Straßenecke Rahlstedter Bahnhofstraße / Merowingerweg war in 1980er Jahren Drehort für die TV-Serie „TKKG".
Die Villa der Familie Sauerlich – ebenfalls aus der Serie „TKKG" im Stadtteil Oldenfelde.

Das Einkaufszentrum am Berliner Platz in Hamburg-Jenfeld war in der Vergangenheit Anlaufstelle für einige Filmproduktionsfirmen. Noch in den 1980er Jahren waren sämtliche Geschäfte einzeln, heute wurden viele Geschäfte zu einem Zentrum zusammengefasst.

Es ist ein unscheinbares Haus mit Efeu an der Fassade und einem mit Gras bedeckten Dach – nur wenige Meter vom Deich entfernt. Und dennoch ist es ein Haus, das viele TV-Zuschauer kennen: aus der Krimiserie **„Stubbe – Von Fall zu Fall"**. Dabei handelt es sich um eine Serie im ZDF, die von 1995 bis 2014 produziert und ausgestrahlt wurde. Wolfgang Stumph spielt den Kriminalhauptkommissar Wilfried Stubbe, der von Dresden nach Hamburg zieht und dort ermittelt. In den weiteren Hauptrollen spielen regelmäßig seine Tochter Stephanie Stumph, Lutz Mackensy, Renate Krößner, Marie Gruber, Margret Homeyer und Wanja Mues mit.

Zur Handlung: Wilfried Stubbe und seine Familie ziehen Mitte der 1990er Jahre von Dresden in die ebenfalls an der Elbe gelegene Stadt Hamburg. Zunächst gefällt es ihm dort gar nicht – er möchte so schnell wie möglich zurück. Erst allmählich lernt er, seine neue Heimatstadt zu akzeptieren. Stubbe ist ein engagierter und beharrlicher Ermittler, der sich sehr oft auf sein Gefühl verlässt. Dadurch kommt es nicht selten zu Streitigkeiten mit seinem Kollegen Zimmermann, für den eher die Fakten zählen. Der volle Einsatz des Kommissars für seinen Beruf zieht mitunter das Familienleben in Mitleidenschaft. Der plötzliche Tod seiner Ehefrau Caroline (gespielt von Marie Gruber in den Folgen 1 bis 11) ist ein schwerer Schicksalsschlag für Stubbe, und er leidet extrem darunter. Kommissar Stubbe wird durch seine ruhige und humorvolle Art gekennzeichnet, mit der er ohne viel Action seine Fälle löst. Die 50 ausgestrahlten Episoden spielen in allen Gesellschaftsschichten der Großstadt Hamburg. Das Wohnhaus der Familie Stubbe ist im Moorfleeter Deich im Stadtteil Moorfleet zu finden, was in der Serie aber nie zur Sprache kommt.

Der Hamburger Fischmarkt lockt jeden Sonntag in etwa 70.000 Besucher an die Elbe. Dabei spielt es keine Rolle, ob Frühling, Sommer, Herbst oder Winter. Egal ob ein prall gefüllter Obstkorb, frischer Fisch, Kekse oder alle möglichen Blumen: Auf dem Gelände rund um die Fischauktionhalle wird jeder fündig – und in der Markthalle wird frühmorgens zu Live-Musik getanzt. Geöffnet ist der Fischmarkt von 4.30 Uhr (im Winter 5.30 Uhr) bis 9.30 Uhr. Wo sich sonntags etwa 70.000 Besucher tummeln und dem Geschrei der Marktbeschicker ihre Aufmerksamkeit widmen, sind Polizisten nicht weit. In einem Backsteinhaus direkt am Fischmarkt befindet sich die Marktwache mit integrierter Polizeiwache. Genau die dient in der Serie **„Die Pfefferkörner"** regelmäßig als Filmkulisse.

*Das Wohnhaus von Polizist Wilfried Stubbe.*

*Die Schauspieler der Serie „Stubbe – von Fall zu Fall" bei Dreharbeiten in Moorfleet: Stephanie Stumph, Wolfgang Stumph und Joana Schümer.*

*Die Markt-wache und integrierte Außenstelle der Polizei am Flut-schutztor direkt am Hamburger Fischmarkt.*

Er zählt zu eines der höchsten Gebäude Hamburgs und hinterlässt von der Ferne als auch aus der Nähe einen unvergesslichen Eindruck: der „Astra-Turm". Es handelt sich dabei um ein 68 Meter hohes Bürogebäude, welches auf dem ehemaligen Gelände der „Bavaria St. Pauli Brauerei" steht. Die Brauerei verkaufte bis zum Jahr 2003 die Biermarke „Astra" (deshalb auch der Name „Astra-Turm"). Wo heute der Büroturm emporragt und die Silhouette der Stadt neu definiert, stand bis 2003 noch sein prominenter Vorgänger: Das Verwaltungshochhaus, liebevoll auch „Pilstulpe" genannt.

Das Gelände der früheren St. Pauli-Brauerei diente in den 1980er Jahren als Kulisse für die ZDF-Serie **„Das Erbe der Guldenburgs"** (mit Christiane Hörbiger, Iris Berben, Brigitte Horney). Die mit den Guldenburgs konkurrierende fiktive Brauerei Balbeck vertrieb in der Serie eine Zeit lang ein Bier unter dem Namen „Balbeck Pilsener" – deshalb drehte das Produktionsteam auf dem Gelände der echten Brauerei auf St. Pauli. Mittlerweile wurden sämtliche Brauerei-Gebäude nach der Übernahme durch die „Holsten-Brauerei" abgerissen und durch einen modernen Gebäudekomplex mit Büroräumen und einem Hotel ersetzt. Der ursprüngliche Turm, in dem Balbecks ihr Büro hatten, ist jedoch in neuer Form wieder aufgebaut worden. Interessant: Das Wohnhaus von Margot Balbeck (gespielt von Ruth Maria Kubitschek) ist die heutige Villa von Dieter Bohlen in Tötensen. Das Wohnhaus wurde mehrfach in der Außenansicht gezeigt. Zurück zum „Astra-Turm": schon fast selbstverständlich drehte auch das Team vom **„Großstadtrevier"** auf dem Gelände in der Bernhard-Nocht-Straße. In der Folge „Eiskalt erwischt" verfolgen Polizist Lothar Krüger und Philip Caspersen mit ihren Fahrrädern einen Post-

Das Ehemalige Hauptzollamt Hafen Hamburg mit großzügiger Außenfläche direkt am Zollkanal (in der Speicherstadt) gelegen diente unter anderem für die Episode „Carpe Diem" der Serie **„Der Tatortreiniger"** als Kulisse. In der Folge kommt „Schotty" (Bjarne Mädel) mit einem verstorbenen Beamten „ins Gespräch" – die Szene wurde beispielsweise im Alten Zollamt aufgenommen. Auch die Beamten der Hamburger Zollfahndung in der Fernsehserie **„Schwarz Rot Gold"** mit Uwe Friedrichsen, Siegfried W. Kernen und Edgar Bessen in der Hauptrolle, hatten in den Produktionsjahren von 1982 bis 1996 ihre Büros im Hauptzollamt. Auch Szenen für **„Adelheid und ihre Mörder"** entstanden im Gebäude. Zu finden ist diese Filmkulisse in der Straße Alter Wandrahm 19-20.

boten, der sich auf dem Gelände der Brauerei (die in der Serie nicht als solche zu erkennen ist) seiner Briefe und sonstigen Postsendungen entledigt.

*Die genaue Adresse des neuen „Astra-Turms" lautet: Zirkusweg 2, 20359 Hamburg. Das ehemalige Brauereigelände, das als Filmkulisse diente, war in der Bernhard-Nocht-Straße.*

Stralsund ist eine Stadt im Nordosten Deutschlands im südlichen Ostsee-raum und gehört zum Landesteil Vorpommern des Bundeslandes Meck-lenburg-Vorpommern. Und die Stadt **Stralsund** ist gleichzeitig der Titel der Fernsehserie des ZDF, die seit 2008 produziert und seit 2009 ausge-strahlt wird. Die als Kriminalfilm angelegten Filme der Serie spielen in Stralsund – werden aber auch in Hamburg produziert. Entwickelt wurde die Fernsehreihe von Sven S. Poser und Martin Eigler. Die Handlung: Die Stralsunder Kommissarin Nina Petersen (gespielt von Katharina Wa-ckernagel) ermittelt Mord- und andere Kriminalfälle in der nordöstlichen Hansestadt an der Ostsee. Mit starkem Willen und Scharfsinn und unter ständigem Zeitdruck kniet sich Nina Petersen in die Fälle. Oft muss sie im Kampf für die Opfer ihre persönlichen Grenzen überschreiten und droht dabei selbst unter die Räder zu geraten.

In weiteren Hauptrollen spielen oder spielten unter anderem Andreas Schröders, Alexander Held, Wanja Mues, Michael Rotschopf, Karim Günes, Janek Rieke, Wotan Wilke Möhring und Kirsten Block mit.

In den Produktionsjahren 2008, 2009 und 2010 wurden die Innenaufnah-men des Kommissariats, in dem Kommissarin Nina Petersen zusammen mit den Kollegen ihren Arbeitsplatz hat, in einem Bürogebäude im Me-xikoring 19 in der City Nord gedreht. Das Filmteam baute dort mehrere Arbeitsplätze, wie sie auch in echten Landeskriminalämtern vorkommen, nach. In späteren Folgen wurden Innen- und Außenaufnahmen in einer ehemaligen Schokoladenfabrik im Stadtteil Hammerbrook produziert (mehr dazu auf Seite 78). Auch das Filmteam der ZDF-Serie **„Nacht-schicht"** nutzte die zum Kommissariat umgebauten Büros und drehte in der City Nord mehrere (überwiegend Innen-)Szenen.

Auch im **„Polizeiruf 110"** (ARD) aus Rostock steckt ganz viel Hamburg. Aufmerksame TV-Zuschauer können beispielsweise im Hintergrund die Hamburger S-Bahn sehen. Der Rostocker Nachtclub ist in der Realität der altehrwürdige Kaiserkeller, das Polizeirevier ist ein altes Zollgebäu-de in der Marckmannstraße 25 im Stadtteil Rothenburgsort. Das Alte Zollamt war früher Arbeitsstätte von Zollbeamten, in der der typisch morbide Geruch von Beamtenstuben vorherrschte. Für einige Folgen des Rostocker „Polizeiruf 110" wurden genau diese Büros als Polizeirevier genutzt. Aktuell steht das Gebäude nach einer bewegten Historie kurz vor dem endgültigen Ruhestand. Grund: hier soll ein neues Wohnquartier entstehen. Für aktuelle Folgen mit Anneke Kim Sarnau und Charly Hüb-

*Foto links: Dreharbeiten für eine Folge der Serie „Stralsund" in der City Nord. Großes Foto: In diesem Bürogebäude wurden Innenaufnahmen des Polizeireviers gedreht.*

ner in den Hauptrollen dreht das Team die Innenaufnahmen der Dienststelle in einer aufgegebenen Zollkontrollstelle an der ehemaligen Freihafengrenze auf der Veddel.

*Das ehemalige Zollgebäude in der Marckmannstraße in Rothenburgsort.*

Der Rödingsmarkt ist eine Straße im Stadtteil Altstadt und der Name der dort gelegenen U-Bahn-Station. Im Jahr 1959 wurde am Rödingsmarkt ein Film unter dem Arbeitstitel **„Fatica di Vivere"** (auf Deutsch übersetzt in etwa „Schuften um zu leben") unter der Regie von Francesco Rosis gedreht. Zu finden ist dieser Film unter dem offiziellen Titel **„Auf St. Pauli ist der Teufel los"**. Zur damaligen Zeit fuhren noch Straßenbahnen unter dem Viadukt der U-Bahn entlang, die ebenfalls in dem Film zu sehen sind. Im Juli 2005 war ein Teil des Rödingsmarktes für Dreharbeiten für den zweiten Teil der Otto Waalkes-Komödie **„Sieben Zwerge"** komplett gesperrt. Auf den Seitenstraßen Graskeller und Alter Wall parkten mehrere Fahrzeuge, die von Komparsen eingesetzt wurden. Der Rödingsmarkt ist aber auch in verschiedenen Folgen vom **„Großstadtrevier"**, **„Adelheid und ihre Mörder"**, **„Rettungsflieger"** und **„Notruf Hafenkante"** zu sehen.

Im „Alsterhaus" entstanden Innenaufnahmen für den TV-Spielfilm **„Ach, Du Fröhliche…"**. Der Film wurde 1994 produziert und 1995 ausgestrahlt. In den Hauptrollen waren Harald Juhnke, Marijam Agischewa, Nicole Heesters, Karen Friesicke, Achim Wolff, Anette Hellwig und unter anderem Lutz Herkenrath zu sehen. Das imposante Gebäude des Kaufhauses am Jungfernstieg 14-20 war auch einige Male in der Außenansicht zu sehen. Das „Alsterhaus" ist ein 1912 eröffnetes Warenhaus mit fünf Stockwerken. Es gehörte von 1994 bis 2014 zum Warenhauskonzern „Karstadt", zählt aktuell zu dem „Oberpollinger" (in München) und dem „KaDeWe" (in Berlin) zur „The KaDeWe Group GmbH". Das Warenhaus hat eine Verkaufsfläche von etwa 24.000 Quadratmetern und ist auf hochwertige Artikel wie Kleidung, Parfüm, Accessoires und Feinkost spezialisiert. Im vierten Obergeschoss befindet sich ein Restaurant – mit Blick auf die Alster.

Am Jungfernstieg (Deutschlands erste Straße, die asphaltiert wurde, 1838) wurden 1952 Szenen für Reginald Puhls Film **„Zwischenstation Hamburg"** produziert, 1969 fanden Dreharbeiten für **„Klein Erna auf dem Jungfernstieg"**, unter anderem mit Heidi Kabel, Heinz Erhardt, Harald Juhnke, Gitta Zeidler (als Klein Erna) und Edgar Bessen statt. Auch Szenen für den Film **„Die Alster – Perle der Großstadt"** (1953) entstanden zum Teil am Jungfernstieg. Auch in TV-Serien wie **„Rettungsflieger"** und **„Großstadtrevier"** ist der Jungfernstieg zu sehen.

Auch eine Szene für den Hamburg-"Tatort" (mit Til Schweiger) wurde am Rödingsmarkt am Fleet gedreht. Die Szene: Im Gerichtssaal kann sich ein Bösewicht losreißen, rennt auf ein Fenster zu und springt im Anzug durch die Scheibe fast zehn Meter tief ins Alsterfleet.

Mit gezogener Waffe hechten Schweiger und Film-Partner Fahri Yardim hinterher. Gedreht wurde in der „Alten Oberfinanzdirektion" am Rödingsmarkt.

*Das „Alsterhaus" in der Innenstadt. 1987 besuchten Prinz Charles und seine Ehefrau Prinzessin Diana während ihres Hamburg-Aufenthaltes dieses Warenhaus.*

*Der Jungfernstieg ist heute der Prachtboulevard Hamburgs und lockt nicht nur im Sommer täglich Hunderte Besucher an.*

Von der Wendenstraße aus ist die ehemalige „Schokoladenfabrik Wendenstraße" im Stadtteil Hammerbrook, die heute als Büro- und Wohnkomplex dient, nicht auf Anhieb zu sehen. Wer allerdings stadtauswärts hinter der S-Bahn-Brücke nach rechts schaut, sieht in einer Art Hinterhof ein großes rotes Backsteingebäude – die ehemalige Schokoladenfabrik. Auch dieses Gebäude dient als Filmkulisse: zu sehen ist es regelmäßig in der TV-Serie **„Stralsund"** (ZDF).

Für die Handlungen hat die Produktionsfirma Network Movie für die bislang ausgestrahlten Episoden zwar auch Drehorte in Stralsund ausgesucht (etwa die traditionsreiche Sportstätte am Frankendamm, die für die Dreharbeiten ihren alten Namen „Stadion der Freundschaft" zurück bekam), aber oftmals werden auch Szenen in Hamburg gedreht. An der Fassade der ehemaligen Schokoladenfabrik werden für Außenszenen der Polizeidirektion extra Schilder mit der Aufschrift „Polizeidirektion Mecklenburg-Vorpommern", „Amt für Ausbildungsförderung", „Gesundheitsamt Stralsund" oder beispielsweise „Bauordnungsamt Stralsund" angebracht. Schließlich soll es im Fernsehen ja immer so aussehen, als sei die Polizeidirektion tatsächlich in Stralsund. Übrigens: weil Hauptdarsteller Wotan Wilke Möhring anderweitige Verpflichtungen (als Ermittler im „Tatort") hat, ist er in der Episode 5 ausgestiegen. Aktuell stehen für die Fernsehserie „Stralsund" Wanja Mues, Michael Rotschopf, Katharina Wackernagel und Alexander Held vor der Kamera. Die Kulisse der Polizeidirektion ist zu finden in der Wendenstraße 130.

Das ehemalige Kraftwerk Bille am Bullerdeich 12-14 wurde ab 1899 im industriell geprägten Stadtteil Hammerbrook erbaut. Das Kraftwerk bestand früher aus mehreren Gebäudeteilen wie einem Verwaltungsgebäude, Wohnungen, einer Kraftstation, mehreren Werkstätten, ein Kessel- und ein Maschinenhaus sowie ein Kohlenlagerhaus. Der heutige Zustand ist das Resultat zahlreicher Um- und Neubauten und umfasst einige Hallen der Ursprungszeit in historischen Formen, einen mächtigen Baukörper aus 1929/30 und eine Erweiterung von 1938. Acht Gebäude auf knapp 15.000 Quadratmetern bilden heute das denkmalgeschützte Ensemble, in dem Film- und Fernsehproduktionen wie beispielsweise **„1.000 Mexikaner"**, **„Großstadtrevier"** und **„Adelheid und ihre Mörder"**. Auch die Kinderserie **„Die Pfefferkörner"** sind schon dagewesen und das Filmteam von **„Das Romeo Prinzip"** – wie „1.000 Mexikaner" eine Produktion der NDR Nachwuchsreihe „Nordlichter".

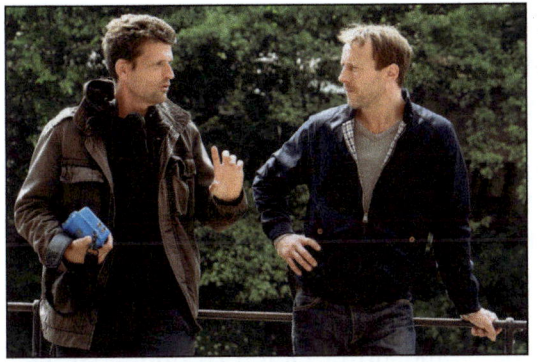

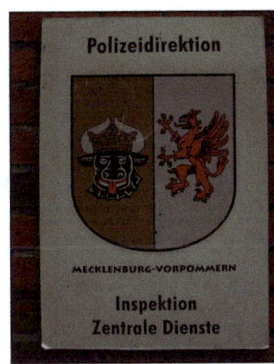

*Solche Schilder werden von der Crew an der Fassade angebracht.*

Foto: Wikipedia (CC BY-SA 3.0), Ajepbah

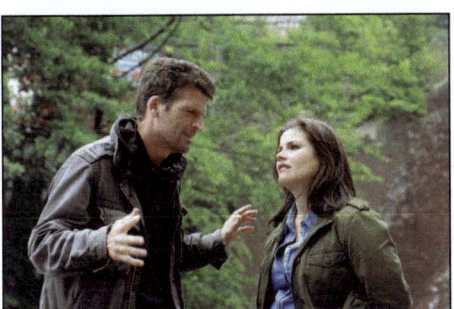

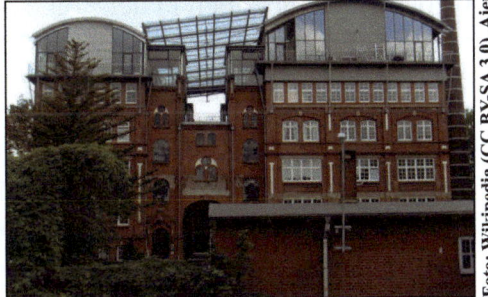

*Regisseur Martin Eigler erklärt den Schauspielern Wotan Wilke Möhring (oben im Bild rechts) und Katharina Wackernagel (Foto unten rechts), wie sie in der nächsten Szene zu agieren haben. Das Foto rechts zeigt das ehemalige Schokoladenfabriksgebäude in Hammerbrook.*

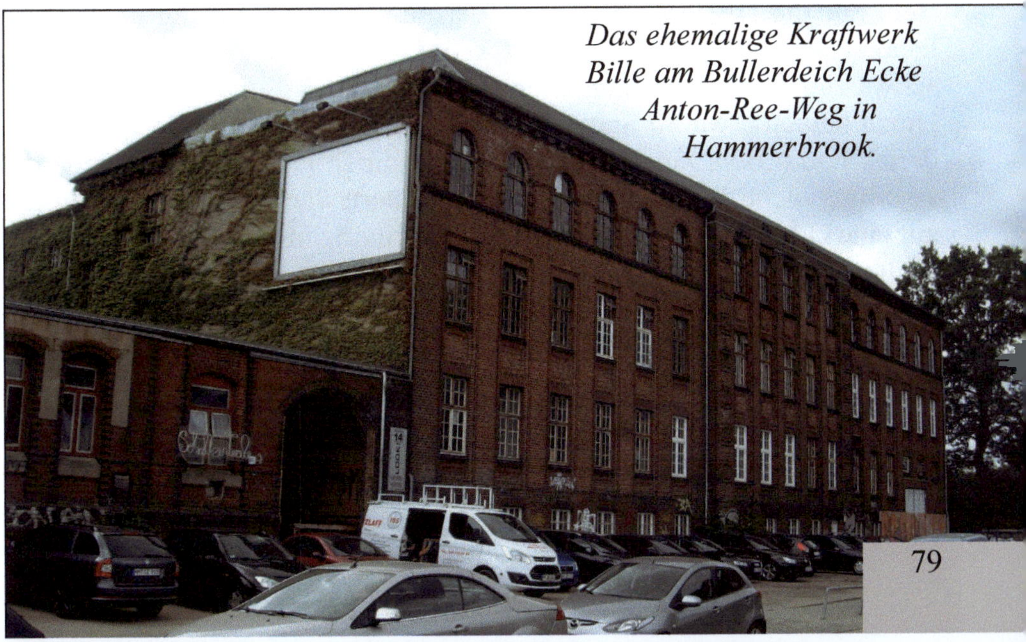

*Das ehemalige Kraftwerk Bille am Bullerdeich Ecke Anton-Ree-Weg in Hammerbrook.*

Nur wenige Hundert Meter vom Kraftwerk Bille entfernt steht schon die nächste Filmkulisse: der Brandshof direkt vor den Elbbrücken. Der markante, denkmalgeschützte Backsteinbau in Rothenburgsort ist Ende der 1920er-Jahre für eine Binnenschiffsreederei gebaut worden. In den vergangenen Jahren gab es dort verschiedene Kulturveranstaltungen. Außerdem diente das Areal für Dreharbeiten. Im Innenhof entstanden beispielsweise Aufnahmen für das NDR-Drama **„Der Mann am Strand"** mit Claudia Michelsen, Michael Rotschopf, Bernhard Schütz und Michelle Barthel in den Hauptrollen. Das Filmteam drehte mehrere Tage lang auch im Gebäude, welches in der Straße Brandshofer Deich zu finden ist. Das Gebäude ist aber auch in der Folge „Beatlemania" in der ARD-Polizeiserie **„Großstadtrevier"** zu sehen. Auch **„Die Pfefferkörner"** gingen auf dem Gelände schon auf Verbrecherjagd.

Regelmäßige Filmkulisse stellen aber auch Hamburgs zahlreiche S-Bahnhöfe dar. Damit der laufende Verkehr allerdings nicht gestört wird, drehen Film- und Fernsehproduktionen entweder in den Nachtstunden oder an Wochenenden, damit der Berufsverkehr möglichst nicht beeinträchtigt wird. Apropos S-Bahnhaltestelle: 2016 wurde der Bahnsteig an der S-Bahnhaltestelle Othmarschen quasi zum Fernsehstudio. Für den Film **„Simpel"** entstanden dort Szenen mit Schauspieler David Kross, der gerade mit einem Zug davonfährt. In der Filmszene ist er nicht einfach nur so weggefahren, sondern er ist auf der Flucht vor seinem Bruder Ben. Für die Dreharbeiten wurde der gesamte S-Bahnsteig als Kulisse benutzt und teilweise abgesperrt – etwa 30 Produktionsmitarbeiter in schwarzen Klamotten tummelten sich am Set.

Hinzu kamen etwa 50 Statisten. In den Hauptrollen agierten auch Frederick Lau („Ben") und David Kross („Simpel") auf dem Bahnsteig, die zwei ungleiche Brüder spielen. Den Brüdern verschlägt es gemeinsam auf eine Odyssee aus der norddeutschen Provinz ins Getümmel der Großstadt.

Es herrschte, trotz der erschwerten Drehbedingungen bei laufendem Betrieb der Hamburger Hochbahn, eine relativ entspannte Stimmung am Set. Ähnlich wie in Hamburgs U-Bahnen oder an U-Bahnhöfen (Seite 18f) wird vorwiegend in den Abend- oder Nachstunden an diversen Haltestellen gedreht, um den laufenden Verkehr nicht zu stören. Oder aber es werden ganze Abteile für die Öffentlichkeit gesperrt, um Innen-Aufnahmen einzufangen. S-Bahn-Mitarbeiter begleiten meistens das Filmteam.

*Das große Foto zeigt den Brandtshof im Stadtteil Rothenburgsort. Auf dem kleinen Foto zu sehen: Die beiden Schauspieler Michael Rotschopf und Claudia Michelsen bei Dreharbeiten zu „Der Mann am Strand".*

*Der S-Bahnhof Othmarschen im gleichnamigen Stadtteil.*

Das „Großstadtrevier" wurde in diesem Buch schon mehrfach erwähnt, gehört aber als Kultserie auch einfach zu Hamburg wie Alster, Elbe und Bille. In der Folge 138 mit dem Titel „Nach langer Zeit" mit Jan Fedder, Dorothea Schenck, Edgar Hoppe, Peter Neusser, Maria Ketikidou, Till Demtrøder und Peter Heinrich Brix in den Hauptrollen geht es unter anderem darum, dass die beiden Polizisten Dietmar Steiner (Edgar Hoppe) und Lothar Krüger (Peter Heinrich Brix) in roten Mänteln und mit weißen Rauschebärten im Undercover-Einsatz auf einem Weihnachtsmarkt sind und dort Ausschau halten nach einer Person, die etwas in Glühweine schüttet. Unterdessen beschäftigt ein Notruf Harry Möller (Maria Ketikidou) und Henning Schulz (Till Demtrøder). Ein vierjähriger Junge ist allein mit seiner Oma, die offenbar in ihrer Wohnung verunglückt ist. Der kleine Moritz kann die verriegelte Wohnungstür leider nicht selbst öffnen und kann am Telefon auch nicht die Adresse seiner Oma nennen. Mit wenigen Informationen („sie wohnt im Elefantenhaus") machen sich „Harry" und Henning auf den Weg – doch der führt zunächst in eine Sackgasse.

Gedreht wurde die Szene, in der Harry und Henning die Wohnung schlussendlich finden und den Jungen samt seiner Oma auffinden, in der Straße Pilatuspool unweit der Musikhalle (Laeiszhalle) Hamburg.

Ortswechsel: im Stadtteil Veddel steht ein derzeit leerstehendes Gebäude, das in der Episode „Sondereinsatz" der Krimiserie **Adelheid und ihre Mörder** die Hauptrolle spielte. Sekretärin der Mordkommission 2 („Mord Zwo") Adelheid Mübius (Evelyn Hamann) sitzt in ihrem Büro, als sie einen Anruf ihrer Mutter (Gisela May) bekommt. Sie gerät mitten in einen bewaffneten Banküberfall und wird von den drei Bankräubern („das sind nicht nur einfache Mörder, sondern schwere Jungs") mit anderen Kunden und Angestellten in der Bank als Geisel genommen. Sofort rast Adelheid zur Bank und will sich gegen ihre Mutter austauschen lassen. Auch ihr Ex-Mann Eugen (Gerhard Garbers) will sie daran hindern. Vor einem Tür-Gitter stehend verhandeln beide mit den Geiselnehmern („nehmen Sie mich als Ersatzgeisel für die Ersatzgeisel"). Am Schluss sind alle drei als Geiseln in der Bank. Auf dem Vorplatz hat Kriminaldirektor Heimeran (Burghart Klaußner) die Leitung des Sondereinsatzes übernommen und untersagt der Mordkommission 2 unter Leitung von Ewald Strobel (Heinz Baumann) jegliche Einmischung. Ein Großteil dieser Folge wurde in der Straße Sieldeich im Stadtteil Veddel gedreht.

*In einer dieser Wohnungen brauchte der vierjährige Moritz Hilfe. Er stand mit Polizist Heninng im telefonischen Kontakt.*

*Dieses Gebäude diente als Bankfiliale in der Folge „Sonderseinsatz". Zu finden ist es in der Straße Sieldeich (9-11) im Stadtteil Veddel.*

83

Zwischen Hauptbahnhof und Außenalster im Stadtteil St. Georg gelegen, zählt das „Atlantic Hotel" zu den renommiertesten Hotels in Deutschland und beherbergt regelmäßig Prominenz aus Politik, Film und Wirtschaft. Musiker und Maler Udo Lindenberg wohnt seit den 1990er Jahren im „weißen Schloss an der Alster". Wenn in Hamburg die Kameras surren, schlafen viele der Darsteller in dem Hotel in der Straße An der Alster 72-79. Und auch in dem Hotel selbst wurde schon viel gedreht. Für James Bond fiel in dem 1909 eröffneten Hotel (seit 2010 steht es unter Denkmalschutz) bereits die Filmklappe. So lief ein Double des Hauptdarstellers Pierce Brosnan für **„Der Morgen stirbt nie"** hoch oben auf dem Dach an dem Globus herum. Auch Szenen für den ARD-Krimi **„Eine Nacht im Grandhotel"** (mit Uwe Kockisch, Barbara Auer, Birge Schade) entstanden in dem Wahrzeichen an der Außenalster. Vor dem Hotel fuhr 2014 ein Leichenwagen vor, dahinter mehrere Streifenwagen, wie die Polizei sie in den 1980er-Jahren fuhr. Grund: für den zweiteiligen Polit-Thriller **„Der Fall Uwe Barschel"** entstanden vor und in dem Hotel Aufnahmen. Als Ministerpräsident Barschel schlüpfte Schauspieler Matthias Matschke in die Rolle.

Nur wenige Hundert Meter vom Hotel entfernt und im selben Stadtteil zu finden ist der Hauptbahnhof. Er hat Ausmaße wie ein Palast, ist etwa 150 Meter lang und 114 Meter breit und quasi der Lebensmittelpunkt Hamburgs. Alle U- und S-Bahnen kommen früher oder später am Hauptbahnhof an. In der Empfangshalle gibt es neben den Fahrkartenschaltern Wartesäle für die 1. bis 4. Klasse, eine Post, eine Geldwechselstube und eine Gepäckausgabe. Noch heute gilt sie als größte freitragende Bahnhofshalle Deutschlands – sie ist 37 Meter hoch und etwa 72 Meter breit. Zu sehen ist der Hauptbahnhof, den täglich mehr als 500.000 Menschen ansteuern, auch in zahlreichen Fernsehserien und -filmen. Beispielsweise wurde dort eine Szene für die Folge „Maria" im **„Großstadtrevier"** gedreht. Auch Szenen für mehrere Hamburg-"**Tatorte"** (ARD) entstanden hier (mit Manfred Krug, Charles Brauer, Wotan Wilke Möhring).
**„Barfuss"** ist ein tragikomischer Liebesfilm aus dem Jahre 2005 mit Til Schweiger und Johanna Wokalek in den Hauptrollen – und auch Szenen für diesen Film entstanden am Hauptbahnhof. Genauso wie Szenen aus **„Adelheid und ihre Mörder"**, die **„Rettungsflieger"** und **„Nachtschicht"**. Teile des Films **„Die unlösbaren Fälle des Herrn Sand"** wurden im Tiefbunker Steintorwall (direkt unter dem Bahnhof) produziert.

Das „Atlantic-Hotel" im Stadtteil St. Georg.

Der Hauptbahnhof Hamburgs zieht jeden Tag über 500.000 Menschen an. Auch Filmproduktionen zieht es immer wieder in den Stadtteil St. Georg zum Hauptbahnhof.

Eine interessante und spannende Folge des „**Großstadtreviers**" (ARD) trägt den Titel „Beatlemania". In der Folge verbreitet sich die Nachricht über den Sensationsfund wie ein Lauffeuer: Eine unveröffentlichte Aufnahme der Beatles ist aufgetaucht. Ausgerechnet Chris (gespielt von Moritz Jahn), der neue Freund von Paul Dännings (Jens Münchow) Tochter Frauke (Clara Epstein), ist der Entdecker dieses Stücks Musikgeschichte. Das alte Tonband mit dem Song hat er im Tonstudio im Haus seiner Oma Elsbeth (Eva Maria Hagen) gefunden. Dort, wo die Beatles in den 1960er-Jahren tatsächlich Aufnahmen gemacht haben, wie die Oma berichtet. Dirk Matthies (Jan Fedder) lässt seine Kontakte spielen und bringt Frauke und Chris mit einem Beatles-Experten beim Radio zusammen: Moderator Allen Nowak (Rocko Schamoni) hält die Aufnahme für echt, will sie unbedingt in seiner Sendung vorstellen. Dirk handelt als Gegenleistung einen Live-Gig für die Schülerband von Chris heraus. Im 14. Kommissariat greift unterdessen das Beatles-Fieber um sich. Doch dann überschlagen sich die Ereignisse: Der Laptop mit den kopierten Musikstücken wird gestohlen, gleichzeitig bricht jemand in Elsbeths Haus ein, schlägt die alte Dame nieder und klaut das Originaltonband.

Noch während Nowak und sein Tontechniker Ströve (Karl Dall) in den Fokus der Ermittlungen geraten, horcht sich Hobbymusiker Daniel auf dem Kommissariat in die letzte noch vorhandene Kopie des Songs hinein – er bringt die Kollegen auf eine völlig neue Spur.

Gedreht wurde die Folge unter anderem in einem Innenhof in der Straße Pilatuspool in der Neustadt. Das Foto rechts zeigt das Gebäude, welches auch in der Serie mehrmals zu sehen war. Hier hatte die Schülerband ihren Probenraum.

Um Schüler handelt es sich auch in der Serie „**Ein Fall für TKKG**". In der Folge „Bestien in der Finsternis" kehrt Gabys Onkel, Amtsrichter Robert Solthus (Kurt Klopsch) nach seiner Pensionierung wieder zurück in seine Heimatstadt. Die TKKG-Bande bereitet ihm einen Empfang mit einem selbst gemalten Banner und macht eine schreckliche Entdeckung: irgendjemand hat etwas Böses mit Solthus vor. Eine heiße Spur führt in den Löwenkäfig des Tierparks. Was hat Patzke (Gernot Endemann) damit zu tun? Er ist Gartenarbeiter und pflegt das Beet vor der neuen Wohnung des Amtsrichters a. D.. Die TKKG-Bande stellt eine Falle, verhindert somit einen Anschlag und löst das Geheimnis. Gedreht wurde in den 1980er Jahren in einem damaligen Neubaugebiet in Allermöhe.

*In diesem Gebäude in einem Innenhof im Pilatuspool hatte die Schüler-band in der Folge „Beatlemania" ihren Proben-raum.*

Die neue Wohnung für Amtsrichter Sol-thus befindet sich in der Realität im Ebner-Eschenbach-Weg 4, direkt gegenüber der S-Bahn-Haltestelle Nettelnburg. Da be-feindet sich noch heute der Balkon, von dem der Amtsrichter hätte stürzen sollen.

Im Juli 2018 fanden an verschiedenen Drehorten in Hamburg die Dreharbeiten zu „**Alarm im Zirkus**", einem neuen Fernsehfilm für Kinder mit den Sesamstraßen-Helden Wolle und Pferd statt. In dem Kinderfilm spielen an der Seite der beliebten Tierfiguren unter anderem Dietmar Bär, Dorka Gryllus, Alfonso Assor und Mavi Bosse.

Zum Inhalt des Films teilt die Presestelle des NDR mit, dass Wolle und Pferd ihren Freund Günni, das sprechende Klo, aus den Fängen des Zirkusdirektors Roberto Grimm (gespielt von Dietmar Bär) befreien müssen. Dieser hat ihn zusammen mit seinem Gehilfen, der fiesen Ratte Fido, entführt und hält ihn in einem Gitterwagen gefangen. Grimm will Günni zwingen, als Sensation in seinem Zirkus aufzutreten, um diesen vor dem Bankrott zu retten. Mit Hilfe von Lotta (Mavi Bosse), der Tochter des Direktors, Olga (Dorka Gryllus), der Ziegendompteurin und Imago (Alfonso Assor), dem alten Zauberer, können Wolle und Pferd Günni zur Flucht verhelfen - aber werden sie auch den Zirkus vor dem Untergang bewahren?

Hauptmotiv während der Dreharbeiten war das Zelt des Zirkus „Abrax Kadabrax" in Osdorf. Es ist zu finden in der Bornheide 76 auf dem Gelände des Bürgerhauses. Anlässlich der Filmarbeiten entstand eine magische Zirkuswelt voller Artisten, Jongleure, Feuerspucker und echter Tiere – die Zirkuswelt war der Schauplatz des neuen Abenteuers der beiden Helden Wolle und Pferd.

Erstmalig ausgestrahlt soll der Kinderfilm zu Weihnachten 2018.

Das Hochhaus (Foto rechts) in der Straße Beim Strohhause im Stadtteil St. Georg war bis 2000 Das Hamburger Polizeipräsidium und diente mehrfach als Kulisse für den Hamburger „**Tatort**" mit Manfred Krug und Charles Brauer in den Hauptrollen. Auch im „**Großstadtrevier**" ist das Gebäude zu sehen. Durch den damaligen Bürgermeister Ortwin Runde wurde mussten mehrere Hundert Polizisten ins neue Polizeipräsidium auf dem Gelände der Landespolizei in Alsterdorf umziehen (Seite 42). Kaum war das Gebäude am Berliner Tor im Jahre 1962 bezogen (Baukosten damals: etwa 29 Millionen Mark), wurde es nach und nach zu klein für die Ermittlungsbehörde. Das Hochhaus bot Raum für 1.200 Beamte, es mussten allerdings zahlreiche Dienststellen zwischen 1962 und 2000 immer wieder ausgelagert werden. Anfang der 1980er Jahre – nur wenige Jahre nach Fertigstellung der letzten Bauabschnitte – wurde in den Zwischendecken der zahlreichen Geschosse Asbest gefunden. Die Kosten

*Das Zirkuszelt in der Bornheide 76 im Stadtteil Ostdorf diente als Film-*
*kulisse. Das kleine Foto zeigt von links nach rechts Pferd, Mavi Bosse,*
*Dietmar Bär, Wolle und Dorka Gryllus bei Dreharbeiten.*

gaben im Jahr 1997 schlussendlich den Ausschlag für den Neubau des Polizeipräsidiums im Stadtteil Alsterdorf. Gutachten hätten ergeben, dass eine Sanierung des alten Standorts am Berliner Tor bis zu 300 Millionen Mark (umgerechnet 150 Euro) verschlungen würden. Verantwortliche hätten sich dann lieber für einen Neubau (30.000 Quadratmeter, Platz für 1.800 Polizisten) entschieden: der kostete etwa 280.000 Mark. Anschrift: altes Polizeipräsidium, Beim Strohhause 31.

Vom Stadtteil St. Georg geht es nun in den Stadtteil Ottensen, genauer: in das Quartier Neumühlen im Bezirk Altona. Gleichzeitig ist Neumühlen der Name der hier am Elbufer entlangführenden Straße und eines Fähranlegers. In Neumühlen entstanden beispielsweise Szenen für den ZDF-Krimi **„Das Mädchen aus dem Totenmoor"** mit Robert Atzorn und Alexandra Neldel in den Hauptrollen. Auch das Produktionsteam vom **„Großstadtrevier"** machte schon einige Male in Neumühlen Halt und drehte dort mehrere Szenen. Bekannt ist Neumühlen auch aus dem Film **„Der Mann im Strom"** mit Hans Albers aus dem Jahr 1958. Auch im Jahr 2005 wurde ein Film gleichen Namens unter anderem in Neumühlen produziert. Das Drehbuch schrieb Lothar Kurzawa nach Vorlage des gleichnamigen Romans von Siegfried Lenz. Neben Jan Fedder (spielte in der Serie Jan Hinrichs) und Lea Draeger (als Lena Hinrichs) standen unter anderem Moritz Grove (Micha) und Peter Kurth (Kuddel) für den Film vor der Kamera.

Auch die **„Pfefferkörner"** liefen schon an der Kaimauer direkt an der Elbe entlang. Auf der angrenzenden Großen Elbstraße fanden außerdem Dreharbeiten für den Film **„Verachtung"** mit den dänischen Schauspielern Fares Fares und Nikolaj Lie Kaas statt.

Die Carsten-Rehder-Straße ist eine kleine Stichstraße, die von der Großen Elbstraße abgeht. Und genau da ist die Kneipe „Zum Schellfischposten". Sie zählt zu den ältesten Seemannskneipen in Hamburg und befindet sich im Stadtteil Altona – unweit vom Fischmarkt entfernt. Das Alter des Schellfischposten lässt sich nicht genau festellen, sie soll aber mindestens über 100 Jahre alt sein. Sie gilt als die letzte und älteste Seemannskneipe in Altona.

In der urigen Kneipe „Zum Schellfischposten" wird die TV-Sendung **„Inas Nacht"** mit Ina Müller aufgezeichnet. Weil die Hafenkneipe allerdings so klein ist, dass gerade einmal die dreiköpfige „Kleine-Ina-Müller-Band" unterkommt, müssen die 20 Männer vom Wilhemsburger Shantychor „Tampentrekker" draußen bleiben und vor den geöffneten Fenstern bei Wind und Wetter auf seine kurzen Einsätze warten. Die Gäste bei Inas Nacht sind in der Regel bekannte Comedians, Kabarettisten, Sänger oder Musiker. Mit den Protagonisten spricht Ina Müller am Tresen und singt jeweils ein Lied. Einzelheiten können Sie im Internet unter www.daserste.ndr.de/inas_nacht erfahren. Die Anschrift: Carsten-Rehder-Str. 62, 22767 Hamburg-Altona.

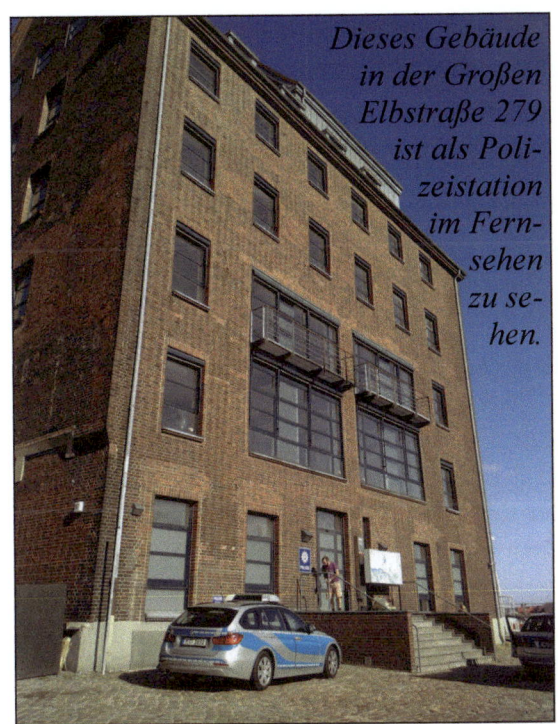

*Dieses Gebäude in der Großen Elbstraße 279 ist als Polizeistation im Fernsehen zu sehen.*

*Das „Augustinum Hamburg" ist eine im Ortsteil Neumühlen angesiedelte Seniorenresiden. Das Gebäude war ursprünglich ein Kühlhaus – und ist immer wieder mal im TV zu sehen.*

Wer direkt vor dem Schellfischposten steht, braucht nur einmal die Treppe hinauf zu schauen und sieht ein unscheinbares Haus mit hellroten Klinkersteinen. Auch das war mehrfach Filmkulisse – und zwar für den Hamburg-„**Tatort**" mit Robert Atzorn und Tilo Prückner in den Hauptrollen.

Hauptkommissar Jan Casstorff (gespielt von Robert Atzorn) ist bei der Mordkommission in Hamburg tätig, die sich dort im Landeskriminalamt (Abteilung 41) befindet. Er hat sein Jurastudium abgebrochen und ist in den Folgen als alleinerziehender Ermittler zu sehen. Mitte der 1940er Jahre geboren, stellt seine Polizeikarriere zugunsten seines Sohnes Daniel hinten an.

An seiner Seite: Oberkommissar Eduard Holicek (Tilo Prückner), der ebenfalls wie Jan Casstorff von 2001 bis 2008 in 15 Episoden in Hamburg ermittelte. Die Schauspieler Robert Atzorn und Tilo Prückner hatten im Jahr 2000 das Team Stoever und Brockmöller, gespielt von Manfred Krug und Charles Brauer, abgelöst. Gedreht wurde an verschiedenen Orten im Großraum Hamburg. Das Haus, in dem Hauptkommissar Jan Casstorff im Fernsehen wohnte, befindet sich an der Köhlbrandtreppe in Altona.

Seit 2013 ermittelt in der Fernsehreihe „**Tatort**" im Norddeutschen Raum (dazu gehört bekanntlich auch Hamburg) Hauptkommissar Thorsten Falke (gespielt von Wotan Wilke Möhring). An seiner Seite agieren in den Folgen Hauptkommissarin Katharina Lorenz (bis 2015, verkörpert von Petra Schmidt-Schaller) und Oberkommissarin Julia Grosz (seit 2016 gespielt von Franziska Weisz). Ursprünglich gehörten Falke und Lorenz dem LKA Hamburg an, wechselten 2014 in der dritten Episode „Kaltstart" aber als erstes „Tatort"-Ermittlerteam zur Bundespolizei.

Falke lebt allein, denn im Zentrum seines Lebens steht sein Beruf. Deshalb hat Falke eine Entscheidung getroffen: Bulle und Familie zusammen geht nicht. Trotzdem wohnt Falke nicht ganz alleine: Seit einiger Zeit streunt im Hinterhof seiner Altbauwohnung ein offensichtlich heimatloser Kater herum, den er „Elliott" getauft hat. Die Dreharbeiten finden vorwiegend in Hamburg und Niedersachsen statt. Die Büros der Bundespolizei befinden such in der Realität in einem Bürokomplex am Überseering 35, Ecke New-York-Ring. Auch das Filmteam von „**Nachtschicht**" produzierte in diesem Bürohaus einige Szenen, genauso wie „**Stubbe – von Fall zu Fall**".

Tilo Prückner, Julia Schmidt und Robert Atzorn bei den Dreharbeiten für eine Folge des „Tatort" – mit Blick auf den Hamburger Hafen.

Foto links: In diesem Haus hatte Hauptkommissar Jan Casstorff seine Wohnung. Für die Dreharbeiten wurden extra eine Wohnung angemietet.

In diesem Gebäude am New-York-Ring befinden sich leerstehende Büros, die als Filmkulisse benutzt werden.

Anja Kling, Wotan Wilke Möhring und Franziska Weisz.

Von 1952 an hatte der Spiegel-Verlag seinen Sitz in einem Gebäude-Ensemble in der Brandstwiete in der Altstadt. Bis 2011 hatten mehrere Hundert Mitarbeiter dort ihren Arbeitsplatz, bis im Oktober der Umzug in einen Neubau in der HafenCity bevorstand. Fortan sind alle Redaktionen des Spiegel-Verlags unter einem Dach. Das markante am Neubau ist seine Glasfassade. Die alten Spiegel-Gebäude wurden teilweise abgerissen, ein mehrstöckiges Hochhaus hingegen wurde grundsaniert und steht heute unter Denkmalschutz. Zudem wurden mittlerweile zwei neue Gebäude gebaut. Zwischenzeitlich stand das unter Denkmalschutz stehende Hochhaus leer und wurde für den Film „**Warum ich meinen Boss entführte**" als Filmkulisse benutzt.

In den Hauptrollen standen Julia Hartmann, Stephan Luca, Anja Nejarri, Ludger Pistor, Luc Feit und Janin Reinhardt vor der Kamera. Das Filmteam richtete in einem der Stockwerke den Firmensitz einer Design-Company ein. Zum Inhalt: Anna (Julia Hartman) schlägt sich als alleinerziehende Mutter von zweijährigen Zwillingen mehr schlecht als recht durchs Leben. Ihren Job als Kellnerin hat sie verloren, weil sie einem nörgelnden Gast die Nudeln im Zorn direkt auf das frischgebügelte Hemd gekippt hat. Beim Bewerbungsgespräch für einen neuen Job in einer Design-Company sitzt ihr ausgerechnet der Herr mit den Nudeln gegenüber, Max Lehmann (Ludger Pistor). Der erkennt sie nicht wieder und gibt ihr die Stelle – nachdem sie beteuert hat, keine Kinder zu haben und uneingeschränkt einsatzfähig zu sein. Die Geschichte mit den Kindern fliegt aber schnell auf – sie wird gekündigt. Eine wütende Anna tritt zu hart auf die Bremse, ein Schlag, und Max liegt reglos auf dem Beifahrersitz – Gedächtnisverlust. Das „alte Spiegel-Hochhaus" ist zu finden in der Brandstwiete 19 zwischen Innenstadt und Speicherstadt.

Der Hamburger Fischmarkt (Seite 70) lockt jeden Sonntag um die 70.000 Besucher an die Elbe. Egal ob Obstkorb, frischer Fisch, holländische Kekse oder Tropenblumen: Auf dem Fischmarkt direkt am Hafen wird jeder fündig – und in der Markthalle wird frühmorgens zu Live-Musik getanzt. Während des Fischmarktes werden teilweise einige Teile abgesperrt und für Filmarbeiten genutzt. So unter anderem fürs „**Großstadtrevier**". Aber auch der Platz selbst (ohne die zahlreichen Verkaufsstände) wird als Kulisse genutzt. Gedreht haben beispielsweise rund um die Fischauktionshalle auf dem Fischmarkt die Produktion von „**Notruf Hafenkante**", „**Adelheid und ihre Mörder**", „**Polizeirevier Davidswache**", „**Große Freiheit Nr. 7**", „**Der Amerikanische Freund**" oder „**Taxi**".

*Julia Hartmann, Ludger Pistor und Stephan Luca.*

*Hoch über Hamburgs Dächern: eine Kamera steht vor einem Fenster und nimmt eine Totale auf.*

*Rosalie Thomass und Peter Dinklage bei Dreharbeiten für den Film „Taxi" auf dem Hamburger Fischmarkt.*

Die Fernsehserie **„Notruf Hafenkante"** wurde schon einige Male in diesem Buch erwähnt – gehört sie doch zu den beliebtesten Serien im deutschen Fernsehen. Deshalb werden auf dieser Seite weitere immer wiederkehrende Filmkulissen der kombinierten Arzt- und Polizeiserie vorgestellt. Das Elbkrankenhaus (EKH) befindet sich beispielwese zwischen den U-Bahn-Haltestellen Baumwall und Rödingsmarkt und ist gegenüber von der Kehrwiederspitze. Das EKH ist in Wirklichkeit das Oberhafenamt. Zum Aufgabegebiet des Oberhafenamtes gehört die präventive Wahrnehmung, vorhersehbare Störungen rechtzeitig zu erkennen und entsprechende Maßnahmen zu ergreifen. Das Oberhafenamt trägt wesentlich zur Produktivität des Hamburger Hafens bei. Das Gebäude wird ausschließlich von außen gefilmt und mit einer Buchstaben-Animation auf dem Dach in den Folgen der ZDF-Serie gezeigt.

Das Polizeikommissariat 21: Das Gebäude befindet sich direkt an der Kehrwiederspitze in der Speicherstadt und ist in Wirklichkeit das Wasserschutzpolizei-Revier WSPF 22. Über dem Eingang (an der Stelle, an der auf dem Foto rechts das schwarze Fahrzeug steht) ist im Fernsehen der Schriftzug „Polizei" zu sehen. Es wird immer nur für Dreharbeiten der Serie an der Wand befestigt. Die Wasserschutzpolizei ist zuständig für die Hafensicherheit und Überprüfung von Schiffen mit gefährlichen Gütern an Bord. Zudem bildet die generelle Sicherheit auf der Elbe einen Schwerpunkt der Hamburger Wasserschutzpolizei. Die Beamten fahnden, ermitteln bei Seeunfällen, verfolgen Umweltdelikte, Ordnungswidrigkeiten und Straftaten in der See-, Binnen- und Sportschifffahrt und sorgen für die Einhaltung von Sicherheitsvorschriften. Für die Serie „Notruf Hafenkante" allerdings wurde aus der Wasserschutzpolizei im Handumdrehen die Schutzpolizei mit integrierter Kriminalpolizei (Polizeikommissariat 21). Das Gebäude passt ideal zum Drehbuch: schließlich liegt es im warsten Sinne des Wortes direkt an der Hafenkante. Von hier starten die Polizisten Franzi Jung, Kai Norden, Mattes Seeler, sowie Melanie Hansen, Henning Storm, Mattes Seeler und Bernd Thomforde ihre Streifenfahrten. Da das „echte" Revier selten von Streifenwagen heimgesucht wird, stellt das Filmteam an Tagen des Drehs Mietfahrzeuge auf den angrenzenden Parkplatz, die wie echte Polizeidienstfahrzeuge aussehen – mit Aufschrift „Polizei", Blaulicht und Behördenkennzeichen versehen. Die Innenaufnahmen allerdings wurden zeitweise in Ochsenzoll, Hummelbüttel und aktuell in Tondorf produziert.

*Das Oberhafen-amt ist in der Straße Baum-wall 7 zu finden und in der Fernsehserie als Kranken-haus zu sehen.*

*Das Gebäude der Wasserschutzpolizei Ham-burg ist in „Notruf Hafenkante" als Polizei-kommissariat 21 zu sehen. Adresse: Kehrwie-derspitze 1 in der Speicherstadt.*

Auch die Jugendherberge „Am Stintfang" ist aus dem Fernsehen bekannt. Bei einer normalen Streifenfahrt kontrollieren Svenja Menzel (Britta Schmeling) und Dirk Matthies (Jan Fedder) aus der TV-Serie **„Großstadtrevier"** in der Folge „Eiskalt erwischt" den Schüler Gerry Oswald, der gerade einen Laternenpfahl abküsst. Der Grund für so viel Euphorie: der 17-Jährige, der auf Klassenfahrt in Hamburg ist, hat seine erste Liebesnacht hinter sich. Was die beiden Polizisten später erfahren: Die Auserwählte war Ivana, eine bekannte Prostituierte, die dem jungen Mann vorgegaukelt hat, dass sie mit ihrem Gewerbe aufhören möchte. Gerry verspricht ihr das Geld besorgen, um sie von ihrem Zuhälter Toni freizukaufen – er beklaut seinen eigenen Vater. Da Gerry von seiner Lehrerin als vermisst gemeldet wird – und Svenja und Dirk den Schüler suchen sollen, beschließen sie angesichts dieser Situation, Gerry eine kleine Lektion fürs Leben zu erteilen. Die Schulklasse ist in der Jugendherberge untergebracht, in der die Szenen gedreht wurden. In einer Totalen ist das Gebäude sehr gut zu sehen: als Dank für sein Engagement gibt die junge Lehrerin dem Polizisten Matthies einen Kuss auf die Wange. Die Klasse jubelt. Aber auch Szenen für die TV-Serie **„Notruf Hafenkante"**, **„Die Pfefferkörner"** und dem Fernsehkrimi **„Tatort"** wurden auf dem Gelände auf dem Stintfang gedreht. Auch der Jerry-Cotton-Film **„Mordnacht in Manhattan"** mit George Nader als Hauptdarsteller wurde zum Teil auf dem Stintfang gedreht. Übrigens: auf dem Stintfang gibt es tatsächlich ein kleines Weinanbaugebiet – eine Sehenswürdigkeit!

Etwa einen Kilometer entfernt steht eine weitere Sehenswürdigkeit: Hamburgs Musikhalle, auch Laeiszhalle genannt. In der Folge „Bretter, die die Welt bedeuten" in der Polizeiserie **„Großstadtrevier"** wurden dort mehrere Szenen gedreht. Die beiden Zivilfahnder „Harry" Möller (gespielt von Maria Ketikidou) und Henning Schulz (Till Demtrøder) erleben mehrfach nächtliche Auffälligkeiten in der Musikhalle, nachdem sie vom Hausmeister wegen eines Einbruchs gerufen wurden. Die Polizisten befürchten, dass sich der ruppige Hausmeister Goth (Jan Peter Heyne) und der mysteriöse Obdachlose Kupke (Heinz Rudolf Kunze) einen Kleinkrieg liefern. Auch die Information, dass Kupke ein abgestürzter Schlagersänger ist, bringt sie zunächst keinen Schritt weiter. Der ehemalige Deutschlehrer mit Brille war früher mal ein erfolgreicher Schlagersänger, stürzte dann aber in die Obdachlosogkeit. Sein Traum: einmal auf der Bühne stehen und seine eigenen Songs singen. Harry und Hening ermöglichten ihm diesen Traum – in der Musikhalle...

Die Jugendherberge „Auf dem Stintfang" im Alfred-Wegener-Weg 5 im Stadtteil Neustadt.

Kleines Foto: Auf dem Dach der Jugendherberge dreht ein Kamerateam.

*Das kleine Foto oben zeigt den Musiker Heinz-Rudolf Kunze (links) zusammen mit Schauspieler Jan Fedder in der Rolle des Polizisten Dirk Matthies. Das große Foto zeigt die Laeiszhalle Hamburg.* 99

Auch ein Teil des Kriminalfilms **„Die Bande des Schreckens"** wurde in Hamburg gedreht. Es ist der vierte Edgar-Wallace-Film der Nachkriegszeit und eine Verfilmung des gleichnamigen Romans von Edgar Wallace mit dem Originaltitel „The Terrible People". Er wurde von Rialto Film im Auftrag von Constantin Film im Juli 1960 produziert. Regie führte Harald Reinl. In dem Kriminalfilm ist ein Krankenhaus zu sehen, dabei handelt sich um die Villa der Modeschöpferin Jil Sander in der Milchstrasse im Stadtteil Rothenbaum, unweit der Außenalster entfernt.

Zum Zeitpunkt der Dreharbeiten war das Gelände noch frei zugänglich, heute ist es mit einem Zaun und einer hohen Hecke gesichert. Außerdem wird das Gelände auf dem Hof und aussen an der Strasse von diversen Kameras überwacht. Inspektor Long (gespielt von Joachim Fuchsberger) fuhr in dem Film mit seinem Auto auf den Hof.

Gleich gegenüber dieser Villa befindet sich übrigens ein ebenfalls aus einem Edgar Wallace-Film bekanntes Gebäude. In dem Film „Das Rätsel der roten Orchidee" ist das Eckhaus Milchstraße / Pöseldorfer Weg als Hotel zu sehen. Kirkie Minelli und seine Frau Cora gehen dort durch den Hauseingang.

Gegenüber der Laeiszhalle (Seite 98) ist das „Brahms Kontor". Dabei handelt es sich um ein Kontorhaus am Johannes-Brahms-Platz in der Hamburger Neustadt, das von 1903 bis 1931 in mehreren Bauabschnitten vom Deutschnationalen Handlungsgehilfen-Verband errichtet worden war. Das Gebäude ist 55 Meter hoch und hat 15 Geschosse. Es steht seit einigen Jahren unter Denkmalschutz. Das „Brahms Kontor" diente ebenfalls mehrfach als Filmkulisse. 2012 fanden beispielsweise Dreharbeiten im großen Stil in dem Gebäude statt: Szenen für die Verfilmung von John Le Carrés Weltbestseller **„Marionetten"** (Originaltitel: **„A Most Wanted Man"**) unter der Regie von Anton Corbijn („The American") mit Oscar-Gewinner Philip Seymour Hoffman und den Hollywood-Stars Willem Dafoe, Rachel McAdams und Robin Wright standen auf dem Programm. Auch **„Tatortreiniger"** „Schotty" (gespielt von Bjarne Mädel) schrubbte in dem Gebäude. In der Folge „Sind Sie sicher?" ist die Konferenz-Etage Sitz einer Consultingfirma und zugleich ein Tatort. Und auch Schauspieler Herbert Knaup und Kollegin Sabine Postel standen schon auf dem Vorplatz des Gebäudes für neuen Folgen der erfolgreichen Juristenserie **„Die Kanzlei"**. Einige Szenen für **„Die SPIEGEL-Affäre"** wurden ebenfalls vor dem imposanten „Brahms Kontor" produziert.

*Die „Jil-Sander-Villa" in der Milchstraße diente 1960 als Filmkulisse für einen Edgar Wallace-Film.*

*Das „Brahms Kontor" am Johannes-Brahms-Platz 1.*

In 24 Metern Tiefe und auf 426,5 Metern Länge führt der Alte Elbtunnel einmal unter der Elbe zwischen den St. Pauli-Landungsbrücken und Steinwerder entlang. Der im Jahre 1911 eröffnete Alte Elbtunnel wurde gebaut, um den Hafen- und Werftarbeitern als Verbindungsweg zu dienen. Ursprünglich eine technische Innovation, wurde der Tunnel spätestens nach Eröffnung des „neuen" Elbtunnels (Bundesautobahn 7) in den siebziger Jahren und weiterer neuer Brückenbauten im Hafen zur Touristenattraktion. Auch bei Filmproduktionen ist der Alte Elbtunnel sehr beliebt.

Beispielsweise wurden dort Szenen für den Film **„Absolute Giganten"** (1999) von Regisseur Sebastian Schipper gedreht. Über den Autofahrstuhl fliehen die Jungs in dem Film vor den Elvis-Stuntmännern. Auch das Team vom **„Großstadtrevier"** machte dort schon Halt, genauso die Produtkionen **„St. Pauli Landungsbrücken"**, **„Der Millionenraub"** und **„Die Akte Odessa"**. Übrigens: Oma Lenis Imbisswagen aus der Kinderserie **„Die Pfefferkörner"** steht für Dreharbeiten meistens genau auf der anderen Seite der Landungbrücken – auf diese Weise ist die Skyline von Hamburg im Hintergrund zu sehen.

Aufmerksame Fernsehzuschauer der RTL-Serie **„Die Gerichtsmedizinerin"**, die 2005 und 2008 in zwei Staffeln im Abendprogramm ausgestrahlt wurde, werden bemerkt haben, dass die Serie in Hamburg spielt und in der Hansestadt gedreht wurde.

Immer wiederkehrende Kulissen waren der Hamburger Hafen und vorwiegend Wohnsiedlungen in Altona. Der Kurzinhalt lässt sich wie folgt beschreiben: Dr. Hanna Wildbauer (Lisa Fitz) aus Bayern arbeitet am kriminaltechnischen Institut (KTI) in Hamburg. Eindeutige Fälle sind ihr suspekt, nur komplizierte Todesursachen fordern ihr kriminalistisches Gespür heraus und lassen sie aufblühen. An ihrer Seite arbeiten ihre Kollegen Dr. Blumenthal (Peter Ketnath) und Dr. Horst (Michael Sideris). In der zweiten Staffel gibt es einen Personalwechsel – seitdem arbeitet sie mit Kriminalhauptkommissar Jan Petersen (Heikko Deutschmann) von der Hamburger Polizei zusammen.

Bei der Serie „Die Gerichtsmedizinerin" handelt es sich um eine zwölfteilige Kriminalserie. Produzentin war die Studio Hamburg GmbH.

Das KTI befindet sich in der Wirklichkeit auf dem Elbberg im Stadtteil Altona. Auf dem so genannten Elbberg-Campus wurden sämtliche Innen- und Außenaufnahmen rund um die KTI produziert.

*Der Elbberg-Campus diente als Filmkulisse von „Die Gerichtsmedizinerin". Links: die Darsteller Marie-Lou Sellem, Michael Sideris, Peter Ketnath und Lisa Fitz.*

## Schlusswort

All diejenigen, die sich ein bisschen tiefer mit der Hamburger Filmgeschichte beschäftigen, stellen schnell fest: Hunderte Filme wurden in Hamburg gedreht und Tausende Drehorte gibt es. Genau hier kommt wieder die im Vorwort gestellte Frage auf, wo man mit der Vorstellung von Drehorten beginnt und wo man damit aufhört. Mit dieser kleinen Auswahl an Filmkulissen hoffe ich, dem Leser dieses Buches ein paar schöne Filmmotive näher gebracht zu haben.

Die Millionenstadt Hamburg durfte hin und wieder für andere Städte als Kulisse dienen. Als Beispiel habe ich London in zahlreichen Edgar-Wallace-Filmen oder Flensburg in „Da kommt Kalle" aufgezeigt.

Ist doch interessant, dass viele Gebäude in Hamburg stehen und als Filmkulisse benutzt werden, aber in einer Serie oder einem Film einer ganz anderen Stadt zugeordnet werden. Warum machen Produktionsfirmen so etwas?

Warum suchen sie sich nicht, wie anhand des Beispiels der Serie „Da kommt Kalle" (Seite 6), in Flensburg ein Gebäude aus? Liegt es daran, dass Hamburg als Tor zur Welt einfach mehr Auswahl an Gebäuden hat? Das mag ein Grund sein. Ein weiterer Grund sind schlicht und einfach die Produktionskosten. Würde das Team von „Da kommt Kalle" die Folgen komplett in Flensburg oder Umgebung drehen, so müsste das Filmteam (meistens um die 30 Personen) plus die Darsteller und mehrere Komparsen mehrere Tage lang in einem Hotel einquartiert werden. Oder es würden alternativ große Fahrtkosten entstehen. Hamburg hat nunmal den internationalen Flughafen und liegt zentral im Norden Deutschlands. Vor allem: in Hamburg haben viele Produktionsfirmen ihren Sitz, laufen Motivaufnahmeleiter und Locationscouts mit offenen Augen durch die Straßen. Sie suchen passende Drehplätze und schaffen für das Filmteam optimale Arbeitsbedingungen. Noch bevor die erste Szene einer Serie oder eines Films aufgezeichnet wird, kümmert sich ein Motivaufnahmeleiter um Dinge wie Vertragsverhandlungen mit den sogenannten Motivgebern (Eigentümern der Gebäude), die Beschaffung von Dreh- und Nutzungsgenehmigungen sowie die Organisation der gesamten Logistik. Im Laufe der Zeit sind auch einfach jede Menge Beziehungen zu Inhabern oder Besitzern von Immobilien oder Grundstücken entstanden – Objekte sind in Hamburg schnell gefunden. In Städten oder gar Dörfern, in denen nicht allzu häufig gedreht wird, käme also eine Menge Vorarbeit auf die Locationscouts zu. Außerdem bietet es sich an, Hamburg als Drehort zu nehmen, weil hier alles routiniert, schnell und auf kürzestem Wege (= kostenminimiert) realisierbar ist.

Wie sagte eine Mitarbeiterin der Filmförderung Hamburg Schleswig-Holstein bei einem Pressetermin so schön: „Hamburg hat – außer verschneiten Bergen – fast alles zu bieten: den großen Hafen, Rotlichtviertel, Villengegenden im Verlauf der Alster und Elbe, die historische Hafenstraße mit seinen besetzten Häusern und mehrere Hochhaussiedlungen. Auch weitläufige Strände, Seen und ländliche Bereiche sind in Hamburg zu finden."

Ein Motivaufnahmeleiter hob einmal hervor, dass es in Hamburg keine großen Filmstudios gibt. Aber die braucht es in Hamburg auch nicht, „schließlich ist die Stadt an sich Kulisse genug". Diese Meinung teile ich gern, schließlich hat Hamburg mit seinen sieben Bezirken und 104 Stadtteilen wirklich eine Menge an tollen Kulissen zu bieten. Und sogar eine Insel: Neuwerk, vor den Toren der Kleinstadt Cuxhaven (Niedersachsen).

Gerne weise ich auf eine Stadtrundfahrt im „VideoBus" hin. Die multimediale Stadtrundfahrt zeigt zusätzlich zu der Moderation des Guides Filmclips mit historischen Bildern und Filmen, direkt an den Originalschauplätzen in der Hansestadt. Auf diese Weise ist die Stadtrundfahrt viel anschaulicher und emotionaler und der Teilnehmer erhält einen bleibenden Eindruck von der Stadt. Auf Wunsch ist die Stadtrundfahrt Hamburg auch in verschiedenen Sprachen und mit Extras wie besonderen Ausstiegen oder kulinarischen Stopps möglich.

Außerdem möchte ich an dieser Stelle noch auf interessannte Internetseiten hinweisen, die sich ebenfalls mit Filmkulissen befassen – nicht nur auf Hamburg beschränkt. 14 tolle Motive gibt es beispielweise hier zu sehen: www.dw.com/de/filmkulisse-deutschland/g-18224753

Zehn berühmte Drehorte, die man wirklich besuchen kann hat folgende Internetseite herausgefunden: www.travelbook.de/orte/drehorte/beruehmte-drehorte-die-man-wirklich-besuchen-kann

Wer sich speziell über Drehorte der Hamburger „Tatorte" informieren möchte, ist auf dieser Seite genau richtig: hamburgtourist.info/tatort-tour-hamburg.html. Die Tour behandelt die Top-Drehorte von den Ermittlern Stoever und Brockmüller, Falke, Cenk Batu und Nick Tschiller.

# Weitere Produkte von FoTe Press

## Danke Landarzt – 26 Jahre rezeptfreie Unterhaltung

„Der Landarzt", ein Projekt, das sich im Laufe der Zeit zu einer der erfolgreichsten Familienserien im deutschen Fernsehen entwickelt. Die Serie mit Christian Quadflieg, Walter Plathe und von 2008 bis 2012 mit Wayne Carpendale in der Hauptrolle ist einer der wenigen Dauerbrenner auf dem Fernsehbildschirm. Zudem ist sie eine der am längsten laufenden Arzt- beziehungsweise Familienserien in der Fernsehgeschichte. In diesem Buch stellt Autor Matthias Röhe die Darsteller vor, beschreibt die Drehorte der Serie und zeigt eine Auflistung aller bisher gezeigten Folgen. Das große Landarzt-ABC mit Begriffen rund um die Serie, Interviews mit Gerhard Olschewski, Franziska Troegner und weiteren Darstellern, eine umfangreiche Vorstellung prominenter Gastdarsteller runden den Inhalt dieses Buches ab. Das Highlight dürften die zahlreichen Fotos von den Dreharbeiten sein. Set-Fotos, Arbeitsfotos, Portraits und Szenenfotos stellen einen großen Teil dar. In Fanbuch für alle Landarzt-Fans. Von der ersten bis zur letzten Filmklappe (1986 bis 2012). Danke Landarzt – 26 Jahre rezeptfreie Unterhaltung. ISBN: 978-3-7357-7921-2. Preis: 9,99 Euro. www.FoTe-Press.de/produkte.

## Der Landarztfotograf – ein Portrait

Die Vorabendserie „Der Landarzt" ist ein Projekt, das sich im Laufe der Zeit (seit 1987) zu einer der erfolgreichsten Familienserien im deutschen Fernsehen entwickelt hat. Der Schleswiger Fotograf Kai Labrenz war von 1992 bis 2007 zum Teil als einziger Fotograf am Set und konnte einzigartige und exklusive Fotos mit seiner Spiegelreflexkamera einfangen. In dem Buch „Der Landarztfotograf" werden Erlebnisberichte von Kai Labrenz über die Dreharbeiten wiedergegeben – mit aussagekräftigen Fotos versehen. Set-Fotos, Arbeitsfotos, Portraits sämtlicher Haupt- und Nebendarsteller, sowie schöne Szenenfotos sind in diesem Buch enthalten. Freuen Sie sich auf tolle Fotos von den Klatschtanten aus Deekelsen, dem Landarzt Dr. Uli Teschner, Pastor Eckholm, sowie vielen Schwestern aus der Praxis. Für Fans der TV-Serie ist dieses Buch ein unbedingtes Muss im Bücherregal. Neben Erlebnisberichten und zahlreichen Fotos enthält dieses Werk zudem das Kapitel „Mit Kai Labrenz auf den Spuren des Landarztes". Sie bekommen interessante Hintergründe zu den genauen Drehorten der Serie. Der Fotograf Kai Labrenz, geboren 1961: über eine Ausbildung zum Bauzeichner erwachte sein Interesse an der Fotografie. Foto-Dokumentationen der Dreharbeiten zu vielen bekannten TV-Serien und –Produktionen wie „Tatort", „Der Fürst und das Mädchen" oder „Der Landarzt". Fotograf des Titels „Filmland Schleswig-Holstein". „Der Landarztfotograf", BoD, ISBN: 978-3-7347-5528-6. www.FoTe-Press.de/produkte.

# Buch: „Mit der Albatros auf Patrouille"

Seit April 1997 wird sie im Fernsehen ausgestrahlt – laut Angaben der austrahlenden Sendeanstalt ZDF erleben je Folge (auch heute noch in der Wiederholung) etwa vier Millionen Zuschauer spannende Geschichten auf hoher See: „Küstenwache" gehört zu den beliebtesten Serien. Sie handelt von Einsätzen der fiktiven Besatzung eines deutschen Küstenwachtschiffes, das auf der Ostsee unterwegs ist. Die Stammbesatzung besteht seit Serienbeginn aus Kapitän Holger Ehlers (gespielt von Rüdiger Joswig) sowie einer wechselnden Schiffscrew. Die Handlungen der einzelnen Folgen sind dem Aufgabengebiet der Küstenwache entsprechend in Küstenorten angesiedelt oder spielen auf Schiffen und Privatyachten.

Die gezeigten Kriminalfälle werden überwiegend erfolgreich gelöst und in einer Fernsehfolge abgeschlossen. Dem Charakter einer Polizeiserie entsprechend werden fast alle Formen von schweren Straftaten thematisiert: so kommen Morde, Entführungen, Erpressungen, Überfälle, aber auch Vergehen mit maritimen Hintergrund wie Schmuggel, Giftmüll-Transporte, Fischerei-Delikte in der „Küstenwache" vor. Die Ermittlungen werden von der Einsatzzentrale in Neustadt in Holstein koordiniert. In beinahe jeder Folge kommt als operatives Küstenwachtschiff die „Albatros" oder „Albatros II" zum Einsatz. Trotz des Erfolges wurde die Krimiserie mit Ende der Ausstrahlung von Staffel 17 im Januar 2016 eingestellt. Es werden keine neuen Folgen mehr produziert.

Die Verbrecherjagd auf der Ostsee ist vorbei: Das ZDF stellt die „Küstenwache" ein.

Begründung: „Um unser Serienangebot kontinuierlich zu modernisieren und unseren Zuschauern neue Entwicklungen anbieten zu können, müssen wir uns gelegentlich von langlaufenden Formaten verabschieden", heißt es in einer Mitteilung des Senders.

Ein Satz – das ist alles. Es gibt keine Erklärung, was mit den Schauspielern passiert, kein Wort des Bedauerns, dass die Serie, die seit 1996 in Neustadt gedreht wird, aufgegeben wird. Vorbei ist vorbei. Schluss, Punkt, Aus und Ende?

Für alle Fans dieser Serie gibt es dieses schmale Buch. Es wurde im Books on Demand (BoD) Verlag in NOrderstedt gedruckt und von FoTe-Press herausgebracht (28. November 2017). ISBN: 978-3-7460-3708-0. Oder unter www.FoTe-Press.de/Produkte.

# Buch „Persönlichkeiten: vergangen, aber nicht vergessen"

**Persönlichkeiten: vergangen, aber nicht vergessen**

Wo Persönlichkeiten ihre letzte Ruhe fanden

RUHESTÄTTE

Tobi Thomsen

Friedhöfe sind etwas Schönes, haben aber etwas Trauriges an sich. Immerhin liegen dort verstorbene Menschen. Angehörige nehmen auf verschiedene Art und Weise Abschied von ihren geliebten Personen. Teils sind es ergreifende, humorvolle oder überraschende Grabsteine, Grabplatten oder Grabstellen, teils sind es rätselhafte Gräber und Inschriften. Das Betrachten von Grabstätten ist aber auch für unbeteiligte Personen eine für die menschliche Seele nützliche Beschäftigung. Allen Menschen sei empfohlen, mit dem Tode auf gutem Fuße zu stehen. Immerhin ist der Tod die einzige Sache im Leben, die völlig sicher ist. Wer früh stirbt, ist länger tot - mit diesem Spruch versuchen manche Menschen das Missverhältnis auszugleichen, zudem die Zeit steht, die wir leben, zu der endlosen Zeit, die wir tot sind.

Das Buch führt den Leser kreuz und quer zu Friedhöfen in verschiedenen Städten Deutschlands: von Glücksburg im Norden bis Grünwald im Süden, sowie Berlin im Osten und Köln im Westen des Landes. Unter anderem finden sich in diesem Buch Fotos von Grabstätten von Guido Westerwelle, Gerda Gmelin, Rex Gildo, Eduard Zimmermann, Helmut Schmidt, Hellmuth Karasek, Roger Cicero, Edgar Bessen, Henry Vahl, Monica Bleibtreu und Inge Meysel. Das Buch soll an die 305 ausgewählten Persönlichkeiten erinnern. Sie haben etwas für Deutschland getan. Direkt und indirekt. Mit diesem Buch soll ihnen etwas postum zurückgegeben werden, damit sie niemals in Vergessenheit geraten. 260 Seiten, Verlag: Books on Demand, ISBN-13: 978-3-7431-1236-0. Zu bestellen auch unter www.FoTe-Press.de/produkte

# Buch: „Wohnhäuser der Promis"

Wer möchte nicht gerne wissen,wo sein Lieblingsmoderator oder Schauspieler wohnt. Zu Lebzeiten ist eine Veröffentlichung der Wohnanschriften aus Daten- und Persönlichkeitsrechten nicht erlaubt – es sei denn, der Promi möchte, dass die Fans wissen, wo das Zuhause ist. In den meisten Fällen vermeiden prominente Persönlichkeiten allerdings, dass die Adressen an die Öffentlichkeit gelangen, damit Fans nicht irgendwann vor dem Hauseingang herum lungern.

Leider gibt es aber auch Todesfälle zu beklagen. Im März 2016 starb Sänger Roger Cicero plötzlich und unerwartet. Im August 2007 verstarb Schauspielerin Evelyn Hamann – um zwei Beispiele zu nennen. In Gedenken ihrer großartigen Leistung möchten viele Fans wissen, wo diese beiden Protagonisten lebten. Hatte Evelyn Hamann (sie wohnte in Hamburg) ein Einfamilienhaus? Wohnte sie an der Elbe, Alster oder doch in der Nähe der Bille? Die Antwort gibt es in dem 240seitigen Buch "Wohnhäuser der Promis" von Tobi Thomsen. In 206 Kurzbiografien stellt der Buchautor Persönlichkeiten aus Politik, Musik, Rundfunk, Unterhaltung und Sport vor und gibt die ehemaligen Wohnanschriften bekannt. Der Leser sieht eine Außenansicht der Gebäude. Außerdem erfährt der Leser den Ort der jeweils "letzten Wohnstätte": der Grabstätte.

Etwa 82 Millionen Menschen leben in Deutschland, darunter etwa 10.000 prominente Persönlichkeiten. Einige sorgen als TV-Moderator für gute Laune, verkünden als Sprecher Nachrichten, moderieren Radiosendungen, holen Titel in verschiedenen Sportarten nach Deutschland oder prägen beispielsweise als Architekten die Stadtbilder. Nicht zu vergessen Politiker, die in Deutschland die politische Richtung vorgeben und das Land regieren. Mit seinen 16 Bundesländern und 295 Landkreisen bietet Deutschland wunderschöne Plätze, sich häuslich niederzulassen.

In einer Auswahl von 206 Kurzbiografien werden in dem Buch „Wohnhäuser der Promis" interessante Persönlichkeiten vorgestellt, die in Deutschland ihre einstigen Wohn- und Wirkungsstätten hatten. Von Schauspieler Hans Albers über Witta Pohl, Roger Cicero, Helmut Schmidt, Gerda Gmelin, Sängerin Alexandra, Götz George, Günter Pfitzmann, Joachim Fuchsberger, Max Greger, Beate Uhse, Hellmuth Karasek, Vadim Glowna, Otto Sander, Evelyn Hamann, Helmut Schmidt, Willy Brandt bis zu TV-Journalist Peter von Zahn. Das Buch führt den Leser kreuz und quer durch Städte Deutschlands: von Glücksburg im Norden bis Grünwald im Süden, sowie Berlin im Osten und Köln im Westen des Landes. Das Buch soll an die 206 ausgewählten Persönlichkeiten erinnern. Sie haben etwas für Deutschland getan – direkt und indirekt – mit diesem Buch soll ihnen etwas postum zurückgegeben werden.

Buch: „Wohnhäuser der Promis", Autor: Tobi Thomsen, ISBN: 978-3-7412-9073-2.

# Buch: „Die Kultbullen aus Hamburg"

Keiner der Beteiligten – weder Krimi-Altmeister Jürgen Roland noch die einstigen Hauptdarsteller Mareike Carrière und Arthur Brauss – dürften 1986 damit gerechnet haben, dass 30 Jahre später das „Großstadtrevier" bis zum heutigen Tage im Fernsehen läuft. Angefangen hat die Hamburger Polizeiserie mit einem brandheißen Thema: Ellen Wegener (Mareike Carrière) nahm als Beamtin im Streifendienst ihre Arbeit auf. Frauen im Polizeidienst waren in den 1980er Jahren bundesweit etwas Neues. Und so erregte die junge Polizistin im „Großstadtrevier" natürlich Aufsehen. Zum ersten Mal in der Geschichte des deutschen Fernsehens stand eine Frau im Mittelpunkt einer Polizeiserie. Den Bezug zu aktuellen Themen hat sich die beliebte ARD-Serie in all den Jahren bewahrt. Genauso wie sie seit 30 Jahren von den Machenschaften der „großen Haie" erzählt, hat sie liebevoll die Sorgen und Nöte der kleinen Leute auf dem Kiez im Blick. – Am 16. Dezember 1986 wird die erste Folge „Großstadtrevier" ausgestrahlt. Die Kultserie ist damit geboren und vom ersten Tag an erfolgreich. So erfolgreich, dass gleich nach Ausstrahlung weitere Folgen produziert und gesendet werden.

Heute schreiben wir das Jahr 2016 und noch immer werden in Hamburg und Umgebung weitere Folgen für diese Polizeiserie gedreht.

Zwar sind in der Zwischenzeit viele Köpfe gerollt, aber Witz und Charme sind geblieben. In diesem Buch werden Höhe- und Tiefpunkte der vergangenen 30 Jahre skizziert. Es ist eine ideale Ergänzung zu allen bisherigen Produkten der TV-Serie.

Die Hauptdarsteller von 1986 bis heute werden vorgestellt, es gibt Suchrätsel mit Begriffen zur Serie, Interviews mit einigen Darstellern, die prominenten Gastdarsteller werden vorgestellt. Eine Auflistung aller bisher ausgestrahlten Folgen runden den Inhalt ab - außerdem gibt es das Kapitel „300. Folge Großstadtrevier" mit Informationen über die Dreharbeiten in Bad Segeberg sowie das Kapitel „25 Jahre Dirk Matthies".

Das Nachschlagewerk umfasst 240 Seiten und ist bei Books on Demand (BoD) in Norderstedt erschienen, ISBN: 978-3-7431-5304-2. das Buch gibt es in jeder Buchhandlung käuflich zu erwerben oder ist unter www.FoTe-Press.de/produkte online zu bestellen.

# Verschiedene Foto-CDs

Eine tolle Geschenkidee: Foto-CDs mit Motiven von verschiedenen Filmkulissen (unter anderem „Der Landarzt", „Tatort", „Die Wicherts von nebenan", „Großstadtrevier", „Der Fürst und das Mädchen", „Notruf Hafenkante"). Eine Foto-CD enthält 25 schöne Motive in großer Auflösung, die für verschiedene Zwecke (Poster, Postkarten, etc.) verwenden werden können. Preis: 10,00 Euro. Es sind unterschiedliche Kulissen wie Ortsschilder, Filmklappen,

Gebäude von öffentlich zugänglichen Wegen auf den Foto-CDs enthalten. Zu bestellen sind die Foto-Cds unter www.FoTe-Press.de/produkte. Hinweis:es sind keine prominenten Personen abgebildet! Ausschließlich Kulissen sind auf den Foto-CDs enthalten.

Für Sammler ein unbedingtes Muss: eine Foto-CD mit Fotos verschiedener Einsatzwagen von Feuerwehr, Polizei, THW oder Rettungsdiensten. Wasserwerfer, Löschgruppenfahrzeuge, Leiterwagen, Krankentransportwagen; die unterschiedlichsten Fahrzeuge sind auf einer Foto-CD vertreten. Es gibt verschiedene Möglichkeiten: bestellen Sie eine Foto-CD mit nur einer Sorte Rettungseinheit (entweder Feuerwehr oder Polizei oder THW oder Rettungsdienst). Dann sind auf einer Foto-CD 150 Fotos von Fahrzeugen der entsprechenden Einheit drauf. Beispiel: Foto-CD Feuerwehr. Es befinden sich dann 150 Fotos der Feuerwehr auf dieser Foto-CD.
Oder Sie bestellen eine gemischte Foto-CD. Dann befinden sich auf der Foto-CD insgesamt 150 verschiedene Fotos von allen Einheiten. Beispiel: es sind dann auf dieser CD 50 Fotos mit Feuerwehrfahrzeugen, 20 vom DRK, 30 von der Johanniter Unfallhilfe, 50 Fahrzeugfotos der Polizei, der Rest sind Fahrzeuge des THW.
Die Fotos dürfen Sie dann für private Zwecke beliebig benutzen. Sie können daraus Poster oder Postkarten nachbestellen. Teilweise ist es auch möglich, dass Sie die Fotos für Ihre Homepage benutzen dürfen. www.FoTe-Press.de/produkte. Da stehen weitere Einzelheiten zu den Kaufmodalitäten bereit.

# Diagnose langlebig: Der Landarzt

Es ist ein tolles Nachschlagewerk über die Fernsehserie „Der Landarzt". Ein interessantes Buch mit vielen Informationen über die TV-Serie, einer genauen Beschreibung „Wo ist Deekelsen" (den genauen Drehorten) und vielen Fotos von den Dreharbeiten. Tolle Setfotos, Szenenfotos, Portraits und Gruppenfotos von den Darstellern der Serie. Von den Anfängen mit Christian Quadflieg, Walter Plathe bis Wayne Carpendale. Ausführlich geht der Autor auf die Anfänge mit Uschi Glas ein, die während der Dreharbeiten schwanger wurde und die Filmarbeiten beenden musste. Gila von Weitershausen übernahm die Rolle der Annemarie Mattiesen, die den Fernsehzuschauern als beliebte Lehrerin aus Deekelsen bekannt ist. Alle bis zum Jahr 2010 ausgestrahlten Folgen sind chronologisch aufgelistet, zudem stellt der Autor die Hauptdarsteller detailliert vor. Zudem gibt es das Kapitel „gestorben in Deekelsen". Dort beschreibt der Autor, wer in den vergangenen Jahren verstorben ist. Das Buch „Diagnose langlebig: Der Landarzt" gibt es unter www.FoTe-Press.de/produkte und in jeder Buchhandlung. ISBN-13: 978-3-8391-3285-2, Preis: 9,99 Euro.

# Raubtierjournalismus – der Kampf...

„Raubtierjournalismus – der Kampf ums beste Bild" beschreibt den Arbeitsalltag eines Fotografen, der Tag für Tag in den Pressegräben steht und am Roten Teppich prominente Persönlichkeiten abschießt. Ein Kampf ums beste Bild, denn neben ihm stehen Dutzende von „Kollegen", die einem das Leben ganz schön schwer machen. Tricks und Tipps, wie man gute Pressefotos fertigt und hinterher über eine Agentur vermarktet,

stehen in dem 148 Seiten umfassenden Buch. Wie kann man mit seinen Bildern Geld verdienen? Worauf kommt es bei einem Foto an? Wie sieht es mit den Rechten aus? Darf ich einfach Promis fotografieren und dann mit den Fotos machen, was ich will? Ein Hamburger Fotograf erzählt, wie er tagein und tagaus Pressetermine wahrnimmt, Fotos von Promis produziert, diese hinterher mit einem Programm fachgerecht beschriftet und bearbeitet und über eine Fotoagentur in Deutschlands Zeitungen und Zeitschriften bringt. Es ist ein langer Weg zu einer Veröffentlichung in einer Zeitung, Zeitschrift, Illustrierten oder einem Onlinemedium. Ein langer, ein kämpferischer Weg. In keinem anderen Beruf ist der Schritt vom Freund zum Feind so kurz, wie bei den Pressefotografen. Eben noch freundschaftlich geplaudert, steht auf einmal ein Feind neben einem. Mit allen Mitteln geht es hier um das beste Bild. Gerangel, Geschubse, Gedränge, Geschrei – immer wieder Beleidigungen, Verleumdungen, Manipulationen, Diebstähle. All dies gehört zum Berufsbild Pressefotograf dazu. ISBN-13: 978-3-8391-6680-2, Preis: 11,99 Euro.

## Diagnose langlebig:„Der Landarzt"

Das Buch: mit vielen Informationen über die TV-Serie, einer genauen Beschreibung „Wo ist Deekelsen" und vielen Fotos von den Dreharbeiten. Tolle Setfotos, Szenenfotos, Portraits und Gruppenfotos von den Darstellern der Serie. Von den Anfängen mit Christian Quadflieg, Walter Plathe bis Wayne Carpendale. Ausführlich geht der Autor auf die Anfänge mit Uschi Glas ein, die während der Dreharbeiten schwanger wurde und die Filmarbeiten beenden musste. Gila von Weitershausen übernahm die Rolle der Annemarie Mattiesen, die den Fernsehzuschauern als beliebte Lehrerin aus Deekelsen bekannt ist. Alle bis zum Jahr 2009 ausgestrahlten Folgen sind chronologisch aufgelistet, zudem stellt der Autor die Hauptdarsteller detailliert vor. Das Buch „Diagnose langlebig: Der Landarzt" ist ausschließlich unter www.FoTe-Press.de/produkte zu bestellen.

## Hochglanzmagazin: Diagnose langlebig:„Der Landarzt"

Seit dem Jahr 2000 begleitet Matthias Röhe die Dreharbeiten am Set des Landarztes und kennt sich mit der Serie gut aus. Neben einem ausführlichen Landarzt-ABC mit Begriffserklärungen zur Serie werden aktuelle wie auch frühere Darsteller portraitiert. Von Christian Quadflieg über Walter Plathe bis hin zu Wayne Carpendale. Auch prominente Gastdarsteller finden im Magazin ihren Platz: Die Ministerpräsidenten Björn Engholm und Peter-Harry Carstensen beispielsweise. „Wir haben Fotomaterial von Uschi Glas, die 1986 die weibliche Hauptrolle besetzte und wegen ihrer Schwangerschaft die Dreharbeiten abbrechen musste. Etwa 60.000 D-Mark wurden damals in den Sand gesetzt", gibt Matthias Röhe einige Details preis. Einen weiteren Schwerpunkt bildet die Rubrik „Wo ist Deekelsen" mit vielen Geheimtipps über die Drehorte. Hunderte Touristen aus ganz Deutschland, Österreich und der Schweiz kommen nach Schleswig-Holstein, um sich die Drehorte im Original anzuschauen. Landarzt-Kreuzwort-Rätsel, ein Landarzt-Rezept – ideal zum Nachkochen, einen Überblick über die einzelnen Folgen, sowie die Rubrik „Gestorben in Deekelsen" – wer alles in den vergangenen Jahren verstorben ist – runden das Informationsmagazin ab. Auf vielen  Seiten findet sich eine exklusive Foto-Visite mit einmaligen Szenenfotos. Für jeden Landarzt-Fan ist das neue Hochglanzmagazin (erschienen 01/2010) ein Muss! Das Magazin, mit Hunderten Farbfotos aus den Jahren 1986 bis 2010, kann unter www.FoTe-Press.de/Deekelsen bestellt werden und kostet nur 3,99 Euro.

# Das Team vom PK 21 und EKH

Matthias Röhe

„Notruf Hafenkante" zählt mit bis zu 4,9 Millionen Zuschauern zu den erfolgreichsten Fernsehserien im Vorabendprogramm des Deutschen Fernsehens. Im Durchschnitt schauen sich etwa 3,6 Millionen Menschen jede einzelne Folge an. Von 2007 bis 2015 wurden bereits 217 Episoden ausgestrahlt. Dabei handelt es sich um eine Mischung aus Polizei-, Arzt- und Familienserie. Im Vordergrund stehen Geschichten aus dem Alltag der Hamburger Polizisten des Kommissariats 21 in der Speicherstadt, sowie den Ärzten aus dem Elbkrankenhaus. Kurzum: „Notruf Hafenkante" ist eine Serie über den Berufsalltag Hamburger Streifenpolizisten und Notärzten, eingebettet mit netten Geschichten Hamburger Bürger.

Das Polizeikommissariat 21 liegt direkt an der Hafenkante. Dabei handelt es sich um eine Uferlinie, die an Neumühlen beginnt, den St. Pauli Landungsbrücken vorbeiführt und bis zur Speicherstadt und der neuen Hafen-City reicht. Das Buch gibt Einzelheiten über die Drehorte der Serie, beschreibt die Charaktere der Polizisten und Ärzte und stellt die Hauptdarsteller vor. Natürlich sind auch berühmte Gastdarsteller berücksichtigt: so standen schon Sky du Mont, Lotto King Karl, Katy Karrenbauer, Karl Dall, Renate Delfs oder beispielsweise Heide Keller vor der Kamera und wirkten in einzelnen Folgen mit.

Der Autor stellt die Hauptdarsteller der Serie von 2007 bis 2015 vor, macht auf Filmfehler aufmerksam, gibt Hintergrundinformationen über die genauen Drehorte und listet in diesem Nachschlagewerk alle bisher ausgestrahlten Folgen auf. Viele Fotos vom Set, die bei Dreharbeiten in Hamburg entstanden runden den Inhalt des Buches ab. ISBN: 978-3-7386-2492-2, BOD, Norderstedt. Preis: 9,99 Euro.

Das Ergänzungsbuch mit dem Titel „Das Team vom PK 21 und EKH II" ist ebenfalls für 9,99 Euro erhältlich. Neue Fotos, zum Teil weitere Kapitel mit zwei Such-Rätseln. ISBN: 978-3-7386-2929-3, BoD.

Das Team vom PK 21 und EKH II

Matthias Röhe

# Hamburg – hier lebten unsere Promis

Hamburg, die Stadt an Alster, Elbe und Bille ist einer der beliebtesten Wohnorte in ganz Deutschland. Mit seinem besonderen Charme, seinen vielen Grünflächen, seinen Gegensätzen zwischen lebendiger Innenstadt und dem ruhigen, dörflichen Rahlstedt oder Osdorf machen die Hansestadt für etwa 1,75 Millionen Menschen interessant. Als internationale Handels- und Hafenstadt steht Hamburg bis heute für Reichtum und Noblese. In der Hansestadt leben die meisten Millionäre (Einkommensmillionäre gemessen an der Einwohnerzahl in Hamburg nach einer Erhebung des Statistischen Bundesamts). Wo sich etwa 1,75 Millionen Menschen wohl fühlen, mischen sich auch viele prominente Persönlichkeiten unters Volk. Viele sorgen als TV-Moderator für gute Laune, verkünden als Sprecher Nachrichten, moderieren Radiosendungen, holen Titel in verschiedenen Sportarten nach Hamburg oder prägen als Architekten das Stadtbild Hamburgs. In einer Auswahl von 79 Kurzbiografien werden in dem Buch „Hamburg - hier lebten unsere Promis" interessante Persönlichkeiten vorgestellt, die in Hamburg und Umgebung ihre einstigen Wohn- und Wirkungsstätten hatten. Sie haben etwas für die Hansestadt Hamburg getan - direkt und indirekt - mit diesem Buch soll ihnen etwas postum zurückgegeben werden. „Hamburg – hier lebten unsere Promis", BoD, ISBN-13: 978-3-7347-4600-0, Preis: 9,99 Euro.

# Drehort Schleswig-Holstein

Elf Kreise – unzählige Kulissen. Schleswig-Holstein ist Anziehungspunkt für Film- und Fernsehmacher. Jahr für Jahr entstehen etliche Sendeminuten im Land zwischen den Meeren. In seinem Buch „Drehort Schleswig-Holstein" verrät Autor Matthias Röhe Kulissen vieler Serien und Filme. In welcher Stadt ermittelt „Das Duo"? Wo ist die Praxis vom „Landarzt"? Wo jagen die Wächter von Lübeck in „Vier gegen Z" den gemeinen Zanrelot? In welcher Stadt spürt Hund Kalle den Dieben auf und in welchem Gewässer ermitteln die Wasser- schutzpolizisten der „Küstenwache"? Der Autor des Buches gibt Basisangaben der Serien und Fil-me, beschreibt die Drehorte und zeigt eine große Auswahl an Fotos. Das nördlichste Bundesland zeigt sich als idealer Medienstandort. Radio- und Fernsehsender, sowie ausgewählte Filmgesellschaften werden in dem Buch vorgestellt. Schleswig-Holstein ist mehr als nur Schauplatz, Drehort und Medienstandort. Zahlreiche Prominente aus Film und Fernsehen leben in Schleswig-Holstein. Sie haben Schleswig-Holstein zu ihrem Dreh- und Angelpunkt gemacht. Ausgewählte schleswig-holsteinische Promis stellt Matthias Röhe vor und verrät bei einigen, in welchem Landesteil beziehungsweise welcher Stadt sie wohnen. Selbstverständlich sind keine genauen Adressen zu erfahren, aber dennoch dürfte es bei Lesern Interesse wecken zu erfahren, in welchem Gebiet Schleswig-Holsteins sie zu Hause sind.

Drei Kapitel, ein Buch: Drehort Schleswig-Holstein ist in jeder Buchhandlung oder unter www.fote-press.de/produkte zu bestellen.

# Hamburg – hier lebten unsere Promis II

Hamburg, die Stadt an Alster, Elbe und Bille ist einer der beliebtesten Wohnorte in ganz Deutschland. Mit seinem besonderen Charme, seinen vielen Grünflächen, seinen Gegensätzen zwischen lebendiger Innenstadt und dem ruhigen, dörflichen Ohlstedt oder Bergedorf machen die Hansestadt für etwa 1,75 Millionen Menschen interessant. Als internationale Handels- und Hafenstadt steht Hamburg bis heute für Reichtum und Noblese. In der Hansestadt leben die meisten Millionäre (Einkommensmillionäre gemessen an der Einwohnerzahl in Hamburg nach einer Erhebung des Statistischen Bundesamts). Wo sich etwa 1,75 Millionen Menschen wohl fühlen, mischen sich auch viele prominente Persönlichkeiten unters Volk. Viele sorgen als TV-Moderator für gute Laune, verkünden als Sprecher Nachrichten, moderieren Radiosendungen, holen Titel in verschiedenen Sportarten nach Hamburg oder prägen als Architekten das Stadtbild Hamburgs. In einer Auswahl von 79 Kurzbiografien werden in dem Buch „Hamburg - hier lebten unsere Promis" interessante Persönlichkeiten vorgestellt, die in Hamburg und Umgebung ihre einstigen Wohn- und Wirkungsstätten hatten. Sie haben etwas für die Hansestadt Hamburg getan - direkt und indirekt - mit diesem Buch soll ihnen etwas postum zurückgegeben werden. „Hamburg – hier lebten unsere Promis II", BoD, ISBN-13: 978-3-8334-9006-4, Preis: 9,99 Euro.

# Tagebuch eines Exhibitionisten

Norman Schulz ist Exhibitionist. Der aus Essen stammende Zeigefreudige beschreibt seine Gefühle, wenn er sich vor fremdem Publikum entblößt. Außerdem gibt er seine Gedanken preis, wenn er von Frauen in der Öffentlichkeit gesehen wird. Was er alles als Exhibitionist erlebt hat, sei es mit Polizisten, Richtern und Betroffenen, beschreibt er detailliert in seinem Buch. Abgerundet wird das Buch mit Gerichtsurteilen zum Thema „Exhibitionismus", Witzen, zum Teil kuriosen Zeitungsartikeln und Zukunftsplänen des Justizministeriums zum Sexualstrafrecht. Außerdem enthält es Fotos und Karikaturen, sowie eine Umfrage unter 100 Frauen, wie sie zum Thema Exhibitionismus stehen. Erschienen im Januar 2016. Zu bestellen unter www.FoTe-Press.de/produkte. Preis: 8,99 Euro. 240 Seiten.

# Die Kultbullen aus Hamburg

Anfang 1986 fällt die erste Filmklappe — am 16. Dezember des gleichen Jahres wird die erste Folge unter dem Titel „Mensch, der Bulle ist `ne Frau" ausgestrahlt. Die Serie Großstadtrevier ist geboren und vom ersten Tag an erfolgreich. So erfolgreich, dass gleich nach Ausstrahlung weitere Folgen produziert und gesendet werden. Heute schreiben wir das Jahr 2011 und noch immer werden in Hamburg und Umgebung Folgen für diese Serie gedreht. Zwar sind in der Zwischenzeit viele Köpfe gerollt, aber Witz und Charme sind geblieben. Bemerkenswert: in den vergangenen 25 Jahren gab es nicht mal zehn Todesfälle in der Serie und wenig Blutvergießen.

In dem Buch „Die Kultbullen aus Hamburg" werden Höhe- und Tiefpunkte der vergangenen 25 Jahre skizziert. Es ist eine ideale Ergänzung zu allen bisherigen Produkten der TV-Serie. Die Hauptdarsteller von 1986 bis heute (von Arthur Brauss, Kay Sabban, Mareike Carriére über Peter Neusser, Dorothea Schenck und Edgar Hoppe bis hin zu Jan Fedder, Marc Zwinz und Sophie Moser) werden vorgestellt.

Es gibt Suchrätsel mit Begriffen zur Serie, Interviews mit einigen Darstellern, die prominenten Gastdarsteller werden vorgestellt. Zahlen, Daten, Fakten über die TV-Serie „Großstadtrevier" werden gegeben. Eine Auflistung aller bisher ausgestrahlten Folgen runden den Inhalt ab – außerdem gibt es das Kapitel „300. Folge „Großstadtrevier" mit Informationen über die Dreharbeiten in Bad Segeberg.

Außerdem sind in diesem Buch ganz viele Fotos von den Darstellern, Arbeitsfotos, Setbilder und viele Portraits der Darsteller enthalten. Erschienen im August 2011 im Verlag Books on Demand, Norderstedt. ISBN-13: 978-3-8423-7329-7. Seitenzahl: 124. Preis: 9,99 Euro.

Gleicher Inhalt, gleicher Name. Aber in diesem Buch sind weit über 370 tolle Farbfotos – und darüber hinaus zahlreiche weitere Fotos in schwarzweiß zu sehen. Auf 104 Seiten finden Sie auch in diesem Nachschlagewerk alles Wissenswertes zur Polizeiserie „Großstadtrevier". Das Buch „Die Kultbullen aus Hamburg" ist am 27. Oktober 2011 erschienen, ISBN: 978-3-8423-8349-4. Preis: 11,99 Euro, Books on Demand, Norderstedt.

# „Deutschland – hier lebten unsere Promis"

In einer Auswahl von 79 Kurzbiografien werden in dem Buch „Deutschland – hier lebten unsere Promis" interessante Persönlichkeiten vorgestellt, die in Deutschland ihre einstigen Wohn- und Wirkungsstätten hatten. Von Schauspieler Hans Albers über Witta Pohl, Evelyn Hamann, Gerda Gmelin, Gerty Molzen, Helmut Schmidt, Willy Brandt, Sängerin Alexandra, Günter Pfitzmann, Günter Willumeit, bis zu Nachrichtensprecher Peter von Zahn. Das Buch führt den Leser kreuz und quer durch Städte Deutschlands: von Glücksburg im Norden (Beate Uhse) bis Grünwald im Süden (Joachim Fuchsberger), sowie Berlin im Osten (Harald Juhnke) und Köln im Westen (Willy Millowitsch) des Landes. Das Buch soll an die 79 ausgewählten Persönlichkeiten erinnern. Sie haben etwas für Deutschland getan – direkt und indirekt – mit diesem Buch soll ihnen etwas postum zurückgegeben werden.

Menschen hinterlassen auf ihrer Odyssee durch die Jahrtausende eine Vielzahl von Spuren, die an das eigene Leben und Wirken erinnern sollen. Zum Beispiel an alltägliche oder außerordentliche Ereignisse, aber auch an herausragende Persönlichkeiten aus Unterhaltung, Sport, Politik oder Wirtschaft.

In langer Tradition stehen Gedenken und Erinnern und werden bis heute in verschiedenen Formen dargestellt: Ob als Höhlen- und Felsmalerei, als Pyramide, auf Friedhöfen als Gedenkstein oder -stätte, als Skulptur oder Plastik, als Denkmal oder Mausoleum. Nach Berliner Vorbild könnten in naher Zukunft vielleicht auch in Hamburg, München, Köln, Frankfurt oder in welcher Stadt auch immer mehr von solchen Gedenktafeln aufgestellt werden. Natürlich nur, wenn der Hauseigentümer damit einverstanden ist. Aber Argumente und Gründe gibt es sicher viele: In Erinnerung an großartige Persönlichkeiten, die sich in Deutschland durch hervorragende Leistungen in verschiedenen Bereichen hervorgehoben haben. 79 von ihnen werden auf in diesem schmalen Nachschlagewerk vorgestellt. Der Leser erfährt auf 78 Seiten in Form von Kurzbiografien, warum genau diese Protagonisten zu den Persönlichkeiten gehören und womit sie sich verdient gemacht haben.

Angaben zum Buch: Taschenbuch, 78 Seiten, erschienen bei Books on Demand (November 2015). ISBN: 978-3-7392-1063-6. Preis: 9,99 Euro. Es ist ab sofort in jeder Buchhandlung oder im Internet unter www.fote-press.de/produkte zu bestellen.

# „Komparsen-Guide – So komme ich ins Fernsehen"

Faszination Film und Fernsehen: Für viele ist es ein Traum, in einer TV-Serie oder einem Kinofilm mitzumachen. Entweder wollen sie von ihrem Freundeskreis zu hören bekommen „Hey, ich habe dich gestern im Fernsehen gesehen. Cooler Auftritt" oder sie wollen einfach mal Filmluft schnuppern und bei Dreharbeiten von Serien wie „Großstadtrevier", „SoKo Wismar", „Stubbe – von Fall zu Fall", „Alarm für Cobra 11" oder beispielsweise „Der Bergdoktor" hautnah dabei sein. Als Komparse oder Kleindarsteller kann dieser Traum Wirklichkeit werden.

Der „Komparsen-Guide – So komme ich ins Fernsehen" gibt Einblicke in die Komparserie und gibt hilfreiche Tipps für den Fall, dass auch Sie einmal als Komparse oder Kleindarsteller in einer Serie, Reihe oder einem Film vor der Kamera stehen möchten.

Dieses Buch beschreibt beispielhaft in Form von Erlebnisberichten, was die Aufgabe eines Komparsen sein kann, erklärt den ersten Schritt bezüglich der Kontaktaufnahme zu einer Komparsen- oder Castingagentur und gibt Details zu den Abläufen eines Komparsenauftritts. Eine Frage taucht ebenfalls immer wieder auf: „Wie läuft es bei den Dreharbeiten eigentlich ab?" In dem „Komparsen-Guide – so komme ich ins Fernsehen" werden genau diese Fragen beantwortet.

Sie erhalten detaillierte Informationen in Form von Erlebnisberichten über verschiedene Aufgaben eines Komparsen. Versetzen Sie sich gerne in die jeweilige Situation und fragen Sie sich gerne zwischendurch „Kann ich das auch?" – und wenn Sie diese Frage mit einem eindeutigen „Ja" beantworten können, lesen Sie sich durch die folgenden Seiten dieses Buches. Verinnerlichen Sie den einen oder anderen Hinweis, den vielleicht ausschlaggebenden Tipp und dann nichts wie hin zu einer der vielen Komparsen- und Castingagenturen. Jeder hat eine Chance: ob jung oder alt, mit roten, blonden oder schwarzen Haaren. Ob mit Voll- oder Dreitagebart, mit Tattoos oder auffälligen Schnurrbärten. Ob klein oder groß, dick oder dünn. Im Prinzip wird jeder Typ gefragt. Auch die Aufgaben sind unterschiedlich: so werden „echte Polizisten" auch gerne mal als Polizisten eingesetzt, genauso wie „echte Handwerker" ein Bad im Hintergrund fachgerecht einrichten. „Komparsen-Guide – So komme ich ins Fernsehen", Taschenbuch: 144 Seiten, Books on Demand. ISBN-Nr: 978-3-7386-5715-9. Preis: 6,99 Euro.

Auch unter www.FoTe-Press.de/produkte ist das Buch erhältlich.

Jeden Montag gehen die Beamten des 14. Polizeireviers auf Streife und in der ARD auf Sendung. „Großstadtrevier" ist eine Vorabendserie, die seit dem Jahre 1986 mit großem Erfolg im deutschen Fernsehen läuft. Fast 300 gedrehte Folgen wurden bis 2009 in 23 Staffeln produziert. Im Jahr 2005 wurde die Serie mit der „Goldenen Kamera" als beste Kultserie ausgezeichnet. Die Handlungen lassen sich kurzum erzählen: Polizeialltag auf dem Hamburger „Kiez". Im Buch „Das 14. Revier" erzählt der Autor über die Drehorte, beschreibt die Charaktere der Figuren und stellt die Darsteller vor. Alle bis zum Jahr 2009 ausgestrahlten Folgen im Überblick, eine Auflistung prominenter Gastdarsteller, sowie eine umfangreiche Bilderstrecke runden den Inhalt ab.

Eine Besonderheit dürfte die Kategorie Filmfehler sein. So geht der Autor auf formale, inhaltliche und Kamerafehler ein. Zudem sind Interviews mit drei Hauptdarstellern in dem Buch veröffentlicht. Für Fans der Serie ein Muss! Das Buch ist eine ideale Ergänzung zu allen bisherigen veröffentlichten Büchern und Produkten dieser Serie. Viele Szenen- und Arbeitsfotos vom Set!

Buch „Das 14. Revier", ISBN-13: 978-3-8391-2690-5, BoD, Preis 9,99 Euro.

# Hamburg: Stadt wie im Film

Hamburg ist Anziehungspunkt für zahlreiche Film- und Fernsehmacher. Täglich entstehen etliche Sendeminuten in der Millionenmetropole an Elbe, Alster und Bille. Es gibt keinen Stadtteil, der nicht von Filmemachern als Kulisse dient. In seinem Buch „Hamburg – eine Stadt wie im Film" verrät Autor Matthias Röhe Kulissen vieler Serien und Filme. Wo beamen sich die Mädels aus „Emmas Chatroom" nach Hamburg? In welchem Stadtteil ermitteln die Pfefferkörner? Wo ist das Revier 14 aus dem Großstadtrevier? Wo jagen die Wächter aus „4 gegen Z" den gemeinen Zanrelot? Wo steht das Kriminaltechnische Institut der Gerichtsmedizinerin? Der Autor gibt Basisangaben der Serien und Filme, beschreibt die Drehorte und zeigt eine Auswahl an Fotos. Hamburg zieht nicht nur Filmemacher in die Stadt, sondern die Hansestadt an der Elbe zeigt sich als idealer Medienstandort. Ein Streifzug durch die Medienlandschaft Hamburgs mit vielen Infos und Fotos.

Hamburg ist viel mehr als nur Schauplatz und Drehort. Zahlreiche Prominente aus Film und Fernsehen leben in der Hansestadt. Sie haben Hamburg zu ihrem Dreh- und Angelpunkt gemacht.

Drei Themen, ein Buch: „Hamburg – eine Stadt wie im Film", käuflich zu erwerben auf der Seite www.FoTe-Press.de/produkte für den Preis in Höhe von 9,99 Euro.